WIGLAF DROSTE

Die Würde des Menschen
ist ein Konjunktiv

Buch

Ein »place to be« unterscheidet sich von einem »no go« dadurch, dass an einem »place to be« alles und jeder jederzeit verfügbar ist. Solange aber Prostituierte keine »Fellatio to go« anbieten, und das als »special offer« zum »nice price«, sieht die »place to be«-Sorte Mensch ihr Leben noch von einem erschreckenden Mangel an Perfektion verdüstert. Die Welt, sagt man, ist voller Wunder, Rätsel und Reize. Ihr Kaufanreiz allerdings besteht darin, Banalitäten als Wunder anzubieten, als Rätsel: Kann ich mir auch ganz sicher sein, dass ein »place to be«, der »coffee to go« im Pappbecher als »must have« ausschenkt, auf keinen Fall ein »no go« ist? Oder, mit Shakespeare gesprochen: to be or not to go to no go, das ist hier die Frage.

»Droste ist immer dann am besten, wenn er gegen Sprechblasen stichelt und die heiße Luft rauslässt.« dpa

Autor

Wiglaf Droste, 1961 in Herford/Westfalen geboren, lebt in Berlin und unterwegs. Seine Texte erscheinen bei mdr figaro, rbb Kultur, als tägliche Kolumne in der Tageszeitung junge Welt, in der Zeitschrift Das Magazin und im NZZ Folio. 2003 wurde er für sein »vitales Dissidententum« und seine »Verbindung aus grobem Ton und feinem Stil« mit dem Ben-Witter-Preis ausgezeichnet. 2005 erhielt er den Annette-von-Droste-Hülshoff-Preis.

Im Goldmann Verlag ist von Wiglaf Droste außerdem erschienen:

Im Sparadies der Frisöre
Auf sie mit Idyll
Sprichst du noch oder kommunizierst du schon?

Wiglaf Droste

Die Würde des Menschen ist ein Konjunktiv

Neue Sprachglossen

Mit einer Gastgeschichte
von Archi W. Bechlenberg

GOLDMANN

Verlagsgruppe Random House FSC® N001967
Das FSC®-zertifizierte Papier *Pamo House* für dieses Buch
liefert Arctic Paper Mochenwangen GmbH.

1. Auflage
Taschenbuchausgabe April 2015
Wilhelm Goldmann Verlag, München,
in der Verlagsgruppe Random House GmbH
Copyright © der Originalausgabe 2013
by Verlag Klaus Bittermann, Berlin
Umschlaggestaltung: UNO Werbeagentur, München
in Anlehnung an die Umschlaggestaltung der Originalausgabe
(Felder Kölnberlin Grafikdesign)
KF · Herstellung: Str.
Druck und Bindung: GGP Media GmbH, Pößneck
Printed in Germany
ISBN: 978-3-442-15846-1
www.goldmann-verlag.de

Besuchen Sie den Goldmann Verlag im Netz

für das Tal des Viéso, es ist kein Digital

Auf der To-do-Liste:
To go or No go?

Manchmal, eingezwängt zwischen sehr wichtige Erwachsene, erinnert man sich an die allerersten Englischstunden in der Schule, in denen Zehnjährige ihnen damals noch fremde Worte hörten und repetierten: »to do, to go, to be«.

Heute sagen das Menschen in Führungspositionen, die man auch »Entscheider« nennt: »Setzen Sie das auf die To-do-Liste.« Und: »Nein, dort können wir kein Meeting machen, das ist ein no go.« Und wenn sie, weil ja gerade ihre Zeit so unglaublich kostbar ist, einen Coffee to go nehmen, wissen sie nicht einmal, dass es sich dabei um einen Kaffee zum Davonlaufen handelt.

Weit vorne auf der To-do-Liste steht: Man muss alle Plätze, Bars oder Stadt- und Erdteile, die man nicht betreten möchte, denen man folgerichtig den digitalen »gefällt mir«-Status verweigert und vor deren Aufsuchen man auch andere warnen will, »no go« beziehungsweise »no gos« nennen. Ganze Landstriche in Brandenburg und Sachsen wurden schon zu »no gos« erklärt und somit als jene »national befreite Zonen« und Beute bestätigt, als die berufsdeutsche Schlagetots sie größenwahnsinnig betrachten.

Ein »no go«, gern auch »absolutes no go« oder »definitives no go« genannt, ist das Gegenteil eines »place to be«. Ein »place to be« ist ein Ort, an dem man aus Gründen der Hipness einfach sein *muss*. Hipsein kommt übrigens nicht von der Babybreinahrung »Hipp«, obwohl die Sprechgewohnheiten hip sein wollender Menschen, die Restaurants durch die Bank als »Restos«

bezeichnen, durchaus einen Zusammenhang zwischen dem Verzehr von Alete und der Zugehörigkeit zur gesellschaftlichen Elite nahelegen.

Ein »no go« erkennt man auch daran, dass dort nichts feilgehalten wird, das als »must have« schlichtweg Pflicht ist. Wo sich kein »must have«-Produkte-Publikum trifft, kann einfach kein »place to be« sein, das versteht sich von selbst. In Zeiten des »to go« muss ein »place to be« aber auch ein »place to go« sein, und das im doppelten Sinne: Man muss dort hingehen, um jemand zu sein beziehungsweise im Gegenteil als jemand zu gelten, aber man muss das Flair des »place to be« auch im Akt des »to go« mitnehmen können, um damit an einem nächsten, anderen »place to be« zu renommieren. Wenn das nicht gewährleistet ist, wird ein »place to be« schnell zum »no go«, also zu einem jener schrecklichen Orte, an denen Nichtwichtigtuer sich eventuell wohlfühlen könnten.

Ein »place to be« unterscheidet sich von einem »no go« dadurch, dass an einem »place to be« alles und jeder jederzeit verfügbar ist. Solange aber Prostituierte keine »Fellatio to go« anbieten, und das als »special offer« zum »nice price«, sieht die »place to be«-Sorte Mensch ihr Leben noch von einem erschreckenden Mangel an Perfektion verdüstert.

Die Welt, sagt man, sei voller Wunder, Rätsel und Reize. Ihr Kaufanreiz allerdings besteht darin, Banalitäten als Wunder anzubieten, als Rätsel: Kann ich mir auch ganz sicher sein, dass ein »place to be«, der »coffee to go« im Pappbecher als »must have« ausschenkt, auf gar keinen Fall ein »no go« ist? Oder, mit Shakespeare gesprochen: to be or not to go to no go, das ist hier die Frage …, und diese zu beantworten, steht ganz oben auf meiner To-do-Liste nachts um halb eins.

Dialogannahme im Service-Kernprozess

Auf der »Automechanika«-Messe in Frankfurt am Main sah sich die Firma »Volkswagen Service« in einem »Kernprozess«. Volkswagen Service-Leiter Dietmar Hildebrandt erklärte, »die Dialogannahme« sei »das Kernthema« und »das vertrauensvolle Gespräch zwischen Serviceberater und Kunden heute mehr denn je Basis für eine dauerhafte Kundenbindung zum Partnerbetrieb und zur Marke«. Bei der »technischen Komplexität der heutigen Fahrzeuge« müsse »dem Kunden die angebotene Dienstleistung genau erklärt werden«; Service sei »eine äußerst aktive Angelegenheit. Dafür nehmen wir uns in der Dialogannahme Zeit.«

Kernprozess klingt ein bisschen nach demnächst explodierendem Kernkraftwerk, was ein prima Kernthema abgäbe. Etwas rätselhafter verhält es sich mit der Dialogannahme. Ist eine Dialogannahme so etwas wie eine Lottoannahmestelle? Oder ähnelt sie eher der Wäscheannahme samt Heißmangel, getreu der Devise: Der Herr ist mein Hirte, er wird mich mangeln? Kann man gebrauchte Dialoge in die Dialogannahme bringen und sie drei Tage später frisch gereinigt und gemangelt zurückbekommen? Damit es endlich wieder Dialoge gibt, die sich, wie man so sagt, gewaschen haben?

Das wäre wünschenswert; es gibt so viele Dialoge, die dringend der Pflege bedürfen. Das geächtete »Na, wie geht's?« – »Danke, muss ja« ist ein ranzig gewordener Klassiker unter Bekannten und Kollegen, und auch der inflationärste aller gebrauchten Pärchendialoge – Sie, misstrauisch: »Woran denkst du? – Er, abwehrend: »An nichts.« – könnte eine solide Grundreinigung vertragen. Aber ob der Volkswagen-Service-Kernprozess das leisten will und kann?

Schließlich ist das Kernthema in der Dialogannahme der Volkswagen-Service, und der dreht sich um »dauerhafte Kundenbindung« und um »Dienstleistungserklärung als äußerst aktive Angelegenheit«. Reißt sich da ein Servicemann das Hemd auf und bekennt. »Hier dienstleiste ich und kann nicht anders«?

Wird die Dialogannahme zum Beichtstuhl des Kunden und der Service-Dienstleister zu seinem Beichtvater? Muss man sich solch herzzerreißende Szenen vorstellen:

Kunde, stark zerknirscht: »Ach, ich habe wieder an der Benzinpumpe herumgespielt, und jetzt ist sie kaputt ...« – »Bringe dreißig Kanister vom teuersten Sprit auf den Knien zur VW-Niederlassung nach Canossa, mein Sohn, und deine Sünden sind dir vergeben. Ego te abvolvo.«

Wie vollzieht sich der GAD, der Größte Anzunehmende Dialog? Betritt ein Kunde im Laufschritt die Dialogannahme und stößt hektisch hervor: »Hören Sie, ich parke in der zweiten Reihe ...« Und schneidet der Mann mit dem »Kernthema Service« ihm dann lächelnd das Wort ab und fragt süffisant: »Tun Sie das nicht schon Ihr ganzes Leben?« Oder ningelt ein Herr in Wetterjacke mit grundempörtem Gesichtsausdruck durchdringend: »Ich finde es ökologisch unverantwortlich, dass mein Fernlicht noch nicht mit Energiesparlampen aufgerüstet wurde!«? Mitleidlos macht der Kunde weiter: »Können Sie Ihre Autos nicht noch breiter bauen? Meine Sicherheit und die meiner Familie haben oberste Priorität, und das weltweit! A propos Familie: Schon mein Großvater ist gerne Panzer gefahren ...«

Was genau in der Dialogannahme geschieht, wissen wir nicht. Aber wir ahnen, dass im Volkswagen-Service-Kernprozess die Kernthemen dieser Zeit verhandelt werden. Wir müssen den Dialog nur annehmen.

Teamplayer
im Goods Flow Lagerbereich

Wenn die Möbelhauskette »Habitat« auf Angestelltensuche geht, liest sich das so:

»Für unseren Store suchen wir ab sofort einen Goods Flow Mitarbeiter (männlich / weiblich).

Sie haben Erfahrung im Lagerbereich?

Sie besitzen einen Führerschein der Klasse C1?

Sie sind ein Teamplayer?

Dann freuen wir uns auf Ihre Bewerbung.«

Abgerundet wird der Text mit einer Selbstauskunft: »Our people make us different.« So sprechen Menschenbesitzer: Unsere Menschen, und der Goods Flow Mitarbeiter männlich / weiblich, also eigentlich Neutrum beziehungsweise Geschlecht egal, Hauptsache billig, ahnt, was auf ihn zukommt im Lagerbereich, wo er mit den anderen Teamplayern den stetigen Fluss der Waren in Bewegung halten wird.

Hilfsarbeiter im Lager und Aushilfsfahrer werden schlecht bezahlt, dürfen zum Ausgleich dafür aber Goods Flow Mitarbeiter heißen. Ein Teamplayer ist ein Befehlsempfänger, den man jederzeit überall hinschicken kann, aber das Wort hat so einen Klang von großer Welt und Befähigung zu noch größerer Leistung: Teamplayer, da ist die Meisterschaft in was auch immer doch fast schon gewonnen, und Deutsche mit langer Erfahrung im Lagerbereich gewinnen im Nu internationales Flair.

Wer einen Hausmeister herabstufen will, macht ihn zum Facility Manager; der arbeitet dann für weniger Geld, ist aber rhetorisch auf Management-Level angekommen. So wird aus einem veritablen Abstieg mit Hilfe aufgeschäumter Sprache doch noch ein Aufstieg. Angestellten smart klingende Titel zu verleihen ist günstig und kostet keinen Cent; falls sich jemand über den Sprachschwindel beschweren sollte, wird man ihn darauf hinweisen, dass ein solch teamschädigendes Verhalten einem Teamplayer nicht gestattet werden kann.

Warum als Kundenbetreuer arbeiten, wenn man doch Key-Account-Manager heißen kann? Vom Schlüsselkind zum Key Account, das ist eine Karriere, die jeden, der vom Tellerwäscher zum Millionär herabsank, erneiden lässt vor Blass beziehungsweise umgekehrt. In Werbeagenturen wimmelt es von Direktoren; wenn der Etat-Direktor mit dem Art-Direktor und dem Creativ-mit-C-Direktor »ins Meeting geht«, dann dröhnt die Hütte, und die Welt vibriert vor Wichtigkeit. Das Erstaunlichste am Selbstbetrug mit erfundenen und wertlosen Titeln ist, dass er funktioniert. Wenn einer erst Manager geworden ist, dann glaubt er sich das irgendwann selber. Es kommt schließlich nicht darauf an, was man tut, sondern darauf, wie und als was man es darstellt.

In dieser Aufmandelwelt hat eine traditionelle, klassische Berufsbezeichnung keinen guten Klang mehr, sondern verströmt die unerwünschte Aura von Versagertum und gescheiterter Existenz. Autor und Kolumnist, das ist heutzutage doch gar nichts, das klingt popelig, da könnte man ganz andere Berufsbezeichnungen und Titel mit sich herumtragen! Sie suchen ab sofort einen Thought Flow Controler im Language Management? Ich freue mich jetzt schon auf meine Bewerbung.

»Mit Werten
Bewusstsein gestalten«

Das Sein bestimmt das Bewusstsein«, hat ein älterer Kollege einmal geschrieben, aber wozu sich mit dem Sein beschäftigen, wenn man doch das Design hat und die Freuden einer polierten Oberfläche? Das Bewusstsein ist, speziell in seiner beliebtesten Form, der Bewusstlosigkeit, etwas, das designt werden kann. Auf den Punkt gebracht wird das von einer Werbeparole der Volks- und Raiffeisenbanken: »Mit Werten Bewusstsein gestalten«.

»Mit Werten Bewusstsein gestalten«, das klingt wuchtig, geradezu deutschphilosophisch tief und jedenfalls irgendwie doll. Bloß wie »gestaltet« man ein »Bewusstsein«, noch dazu mit »Werten«? Kann man ein Bewusstsein kneten, basteln, schneidern, malern oder sprayen? Und um was für »Werte« handelt es sich? Um all jene, die von der Bankenbranche kompetent zerdullert wurden? Beziehungsweise, in Werbesprech formuliert, um »Werte«, die »nachhaltig« zerstört wurden?

Wo von »Werten« die Rede ist, mit denen man »Bewusstsein gestalten« will, da lugt die »Nachhaltigkeit« schon um die Ecke. Zugunsten des »PrivateBanking« als Werbemodel »mit Werten Bewusstsein gestalten« möchte jedenfalls die Fernsehköchin Sarah Wiener, die sich in der Bankenreklame »Köchin für nachhaltigen Genuss« nennen lässt. Was ist »nachhaltiger Genuss«? Einer, der nicht mehr aufhört? Wenn man aß, was eine »Köchin für nachhaltigen Genuss« kochte, hat man dann nur noch Appetit, aber keinen Hunger mehr? Isst man dann nie wieder Mist?

Man weiß es nicht, aber die Wertebewusstseinsgestaltungsreklame der Volks- und Raiffeisenbanken erklärt: »Sarah Wiener lebt gute Ernährung.« Wie »lebt« man Ernährung? Und wie würde man auf jemanden reagieren, der einem mit den Worten »Ich lebe gute Ernährung« gegenübertritt? Würde man höflich und scheu lächeln, weil unsere Meschuggenen ja unter dem besonderen Schutz des großen Manitou stehen? Oder würde man ihn unmissverständlich in die Webeagentur zurückschicken, in der er und sein »Bewusstsein« offensichtlich erzeugt und »gestaltet« wurden?

Welcher »Weg« ist gemeint, von dem die Bankenwerbung erklärt, dass sie ihn »frei macht«? Der »gute Weg, auf dem wir sind«, also der in die Pleite? Wen meinte der Volks- und Raiffeisen-Reklametexter, als er schrieb: »Jeder Mensch hat etwas, das ihn antreibt«? Sarah Wiener? Oder ihren Kollegen Johann Lafer, der für die Konkurrenz von der »Sparkassen-Finanzgruppe« wirbt und, Essstäbchen umkrallend, behauptet: »Vermögen braucht Vertrauen«? Wird da noch »Bewusstsein gestaltet«, selbstverständlich »mit Werten«? Oder wird doch das Sein vom Bestussstsein bestimmt?

Das sind Fragen, die beim deutschen »Nachhaltigkeitstag« beantwortet werden, dem allerdings all jene fernbleiben müssen, die zur gleichen Zeit ihren Finanz-, Bank- und Sparkassenberatern den Weg freimachen und das Bewusstsein gestalten, und zwar nachhaltig.

Wer Apps appt,
muss auch kuratieren

Manchmal staunt man wirklich noch die sprichwörtlichen Bauklötze. »Es gibt viele Apps zum Finden von Apps«, liest man und denkt, man habe sich schlecht verträumt. Aber es steht tatsächlich genau so da: »Es gibt viele Apps zum Finden von Apps«, und der kryptische Satz mit den zwei Apps hat sogar noch einen Appendix: »Es gibt viele Apps zum Finden von Apps, aber AppFlow sticht heraus.«

Ach so, es handelt sich um Reklame, und der zielgruppenferne Leser versteht bloß die Sprache der Anschnacker nicht? Insider-Code heißt auf deutsch Blinddarm und wird in Blindtext aufgeschrieben, in Wurmfortsätzen: »Die App hilft, andere Apps zu entdecken – in kuratierten und intelligent gestalteten Listen.«

So steht es, wörtlich, im redaktionellen Teil der *Zeit*. Warum, weiß man nicht; möglicherweise zum Beweise dessen, dass die Formulierung »Qualitätsmedien« eine ebenso hohle Marketing-Türeintreterbehauptung wie ein altmodischer frommer Wunsch ist und damit eine umso krudere Mischung aus beidem?

So scheint es. Das »Burger King«-Magazin versucht jedenfalls ebenfalls, seiner Kundschaft Appetit auf Apps zu machen: »Wissen, was App-geht. Mit unserer App liegt die ganze Welt von Burger King zu deinen Fingerspitzen.« Die Welt, zu Fingerspitzen liegend, das ist die Welt digitaler Burger-Könige. Kein Wunder, dass die wirkliche Wirklichkeit ganz anders aussieht, riecht und schmeckt.

Der Autor des »Es gibt viele Apps zum Finden von Apps«-Diktums in der *Zeit* war, so viel steht fest, bei Niederschrift seines Textes immerhin schon 35 Jahre alt und hatte vorher in allerlei Qualitätsmedien volontiert oder sogar voltigiert, um öffentlich solche Sätze konstruieren zu können: »AppFlow ist eine nützliche und vor allem sehr ansprechend gestaltete App zum Entdecken von Apps. Dabei handelt es sich keineswegs um eine simple Suchmaschine. AppFlow ist vielmehr eine Sammlung kuratierter Listen von Apps zu bestimmten Themen.«

Das ist tipptopp zusammengeflipflopter Werbergargel, da kann kein Qualitätsjournalismuskunde meckern. Der moderne Mensch stammt schließlich vom Appen ab; wenn das kein Fortschritt ist! Nur die Allzuwichtigvokabel »kuratiert« ist ein bisschen drüber beziehungsweise over the top. Kuratieren, kriegt man davon nicht diese Rückenmarkserweichung? Nein? Sondern nur eine gleichermaßen contentharte wie breiweiche Birne, die das Berufsbild des Kurators beschreibt, der im Film »KURATOR III – Jetzt zeigt er allen Aliens alles« ein leider sehr vorläufiges Ende findet?

Als mir ein Mann, dessen Arbeit mit den Worten »Ausstellungsmacher« oder »Galerist« zugegebenermaßen auch nicht schön beschrieben wäre, mit den Worten »Ich habe das hier kuratiert« seine Hand hinstreckte, hielt ich inne. Ob der Kerl sich nach dem Kuratieren die Hände gewaschen hatte? Man sieht es den Leuten ja nicht an, und gerade im Kunst- und Kulturbetrieb darf man von gar nichts beziehungsweise muss man von allem ausgehen.

Wie sagt es die *Zeit*: »AppFlow-Nutzer suchen nicht, sie browsen.« In die deutsche Sprache übersetzt heißt das: Wo einer im Ernst »Apps zum Finden von Apps« sucht, da waltet zuverlässig der Brausepöter. Falls Sie dieses schöne westfälische Wort noch nicht kennen sollten: Es beschreibt sehr freundlich den deutlich südlicher gelegenen der beiden Körperteile, die beim Menschen für das Windmachen zuständig sind.

Cremiger Tanzwein

Freund Martensio stellte mir einen neuen Wein vor, einen weißen Pfälzer namens »Pas de Deux«, eine Cuvée aus Weißburgunder und Chardonnay, mit 14 % Alkohol nicht gerade ein Leichtgewicht. Alkohol ist im Wein, was Fett fürs Essen ist: ein Geschmacksträger. Und so ist es Mode geworden, nicht nur Rotweine, sondern auch Weißweine alkoholisch hochzuprügeln bis an den Rand zum Sherry, ganz egal, ob das den Weinen und denen, die sie trinken, gut bekommt. Alkohol macht den Wein fett, und die Weintester und Punkteverteiler, die nur einen Probierschluck nehmen, können gleich von Geschmackssensationen und ähnlichem Tralafitti berichten.

Einem Wein durch höhere Alkoholdosierung auch mehr geschmackliche Fülle und Intensität zu geben, ist önologisch vergleichsweise leicht. Die raren Vertreter traditioneller Weinkunst verzichten darauf und verdichten ihre Weine anders. Anderthalb Prozent weniger Alkohol klingt wenig, aber wenn ein Zwölfeinhalber genauso viel Geschmack entfaltet wie ein Vierzehner, dann stecken in ihm einfach mehr Arbeit, mehr Qualität und mehr Wissen.

Der Kopf des Weintrinkers dankt es auch; wer soll denn zum Mittagessen ein Glas Hochprozentwein trinken und anschließend noch etwas Gescheites zustande bringen? Man muss sich nur einmal vorstellen, Champagner würde auf 14 % hochgeorgelt; seine Wirkungen wären nicht mehr leicht und beschwingend, sondern nur bedröhnend.

Davon abgesehen war die »Pas de deux«-Cuvée kein übler Tropfen; während ich den Wein weniger schluckte als vielmehr beinahe schon kaute, las ich die Ergebnisse des Winzermarketings auf dem Etikett: »Ein lebhafter Tanz zwischen Weißburgunder und Chardonnay. Er überrascht mit cremiger Fülle, ist pikant und saftig mit einer angenehm fruchtigen Säure. Ein vollmundiger Genuss, der die Sinne verzaubert.«

Seitdem ich 1987 zehn Wochen lang in einer Düsseldorfer Werbeagentur arbeitete, weiß ich, wie solche Texte fabriziert werden. 14- oder auch 44-prozentige Weißweine sind dabei äußerst hilfreich, entweder schon während der Herstellung oder anschließend, aus, so weit vorhanden, Schamgefühl oder gegen den sich anschließenden Ekel. Eine »cremige Fülle«, sonst für Haarshampoo reserviert, schadet eben auch im Wein nicht.

Empfohlen wurde der Wein »zu Antipasti, Hühnchen in Curry, asiatischen Kreationen und vielem mehr«. Noch besser hätte mir »Sushi and more ...« gefallen, mit diesem schlüpfrigen, nein cremigen PunktPunktPunkt...-Versprechen. Oder gleich dieses: »Geile Brühe, macht zügig breit, wird am besten im gut gekühlten Plastikbecher serviert oder direkt aus der Pulle geschluckt. Ein exzellenter Begleiter zu Heiße Hexe, China-Pfanne, Pommes Schranke und Döner.« Denn im Wein ist die Wahrheit.

Transparenz

Die Inflationsvokabel »Nachhaltigkeit« hat eine Schwester bekommen. Sie heißt »Transparenz«. Wie die »Nachhaltigkeit« zunächst nur von wenigen verlangt, dann aber zügig von allen für alles und jedes gefordert beziehungsweise sogar »eingefordert« wurde, ist ohne die »Transparenz« nichts mehr zu wollen, zu haben und zu machen.

Politiker vor allem jüngerer Provenienz »machen sich stark« und »positionieren« sich für »mehr«, »völlige« oder sogar »rückhaltlose Transparenz«; es gilt das Gebot der totalen Transparenz. Warum eigentlich?, ist eine Frage, die, wie bei jeder anderen Mode auch, zuverlässig versagt. Es ist im Jahr 2012 nun einmal gerade die Transparenz dran als ein Aufbruch, Modernität und Jugend versprechendes Wort, selbst die viel beschworene »Ehrlichkeit« schwingt da mit, und wenn man die simulieren kann, dann hat man es geschafft.

Groß ist das Interesse an der Transparenz anderer: Was macht der eigentlich den ganzen Tag? Irgendetwas, das ich nicht googeln kann? Es ist aber doch mein Menschenrecht, alles zu wissen, was mich nichts angeht! Für alles, das traditionell vom Klatschjournalismus bedient wurde, gibt es jetzt die »Transparenz«, und die klingt so schön seriös.

Eine grüngurkene Penetranzpolitikerin hat ein schlechtes Wahlergebnis eingefahren und möchte sich anschließend bei der Klientel ausflennen? Das ist Transparenz de luxe, wenn nicht Transparenz im Endstadium. Eine, da irrt der Irrtum Gauck, keineswegs »glückssüchtige«, sondern banalitätsversessene Tratschgesellschaft steckt Millionen von Nasen in alles, das sie von sich selbst und ihrem Zustand ablenkt; das ist Transparenz! Der Wunsch nach Transparenz schnurrt schnell zusammen auf das je schamfernere desto größere Verlangen, anderen beim Herunterlassen der Unterhosen zuzusehen.

Aber in der Politik ist Transparenz doch ein »must«!, rufen ein junger Grüner und eine junge Piratenpolitikerin dazwischen; Transparenz bedeutet die Möglichkeit der Kontrolle! Wir müssen schließlich exakte Kenntnis haben darüber, was jeder verdient, damit wir unser abschließendes moralisches Urteil über ihn fällen können! Wir müssen von jedem alles lückenlos wissen: Welchen ökologischen Fußabdruck hinterlässt er auf Mutti Erde? Trennt er seinen Müll, und wenn ja, trennt er ihn auch richtig?

Eine der Hauptmaximen des Lebens heißt »Erkenne dich selbst«; Faulpelze begnügen sich mit dem Lebenstagesbefehl »Durchschnüffle alle anderen«. Dem Wunsch nach »Transparenz« klebt haftcremehaft der blockwartsmiefige Wunsch an, andere öffentlich für etwas geschurigelt zu sehen, das man für sich selbst privat mit größter Selbstverständlichkeit beansprucht. Der Schrei nach »Transparenz« ist Ausdruck der Begierde nach einer bitte auch »nachhaltig« materiell lohnenden Teilhabe an öffentlicher Doppelmoral, die sich so teuer gibt, wie sie billig ist. Dieses nennt man »transparent«.

PS: Das Gegenteil von »transparent« ist übrigens »opak«, also hermetisch verschlossen. Als ich das Wort »opak« im Feuilleton der *FAZ* las, notierte ich im Geiste: Opak ist das Okapi, capito? Und, wie der Kollege Steffen Brück anmerkt: Der Topkapi-Palast in Istanbul wirkt von außen auch eher opak, also auf gar keinen Fall transparent, und das spricht sehr für ihn.

Eltall, werde Mensch!
Zu Besuch im Kosmos Hotelgästebuch

Im Hotel am Schlosspark in Gotha hatte man mir das Gästebuch aufs Zimmer gelegt, und in Gästebüchern blättern ist ein Vergnügen voller Überraschungen. Gästebücher sind Unikate, es gibt bei aller rhetorischen Konfektioniertheit von Dank- und Grußnoten keine zwei, die sich ganz und gar gleichen. In Gotha begann das hoteleigene Einzelstück mit einem Foto und einem Eintrag von Chris de Burgh, der artig konstatierte, es sei »a pleasure to be in this lovely hotel«. Ihm folgten Ireen Sheer und Kim-Valerie Voigt, die »Miss Germany 2008«, die sich in rührender Jungmädchenhandschrift für den »super Aufenthalt« bedankte.

Die Schlagersängerin Andrea Berg hatte auf ihrer »Zwischen Himmel & Erde«-Tournee ebenfalls hier logiert; Himmel und Erde ist ein köstliches Gericht aus Kartoffeln, Äpfeln, Zwiebeln und Speck oder gebratener Blutwurst, aber von Andrea Berg möchte man sich das lieber nicht auf den Teller singen lassen.

Jäh fort von der Erde und hinein ins Weltall ging die Reise: Sigmund Jähn, den man 1978 als ersten Deutschen in den Orbit geschossen hatte, um alles potentielle intelligente Leben aus dem Weltraum zu vergraulen, hatte es in Gotha prima gefallen, und auch sein Westkollege, der Prä-Astronautiker Erich von Däniken, bedankte sich in seinem Gästebucheintrag »sehr herzlich!« und fasste sein Leben als Tip-und-Top-Wissenschaftler mit einem Zitat von Wilhelm Jensen zusammen: »Wer allen etwas vorgedacht, / wird jahrelang erst ausgelacht / Begreift man die Entdeckung endlich, / so nennt sie jeder selbstverständlich!« Pierre Brice bedankte sich auf Französisch für die »hospitalité«, die nichts mit Hospitalismus zu tun hat. Eine Dr. Franziska Rubin hatte ihr Kleinkind zwischen die Gästebuchdeckel gequetscht: »Flora (6 Monate) und ich haben wunderbar geschlafen (nicht selbstverständlich dieser Tage), und die geliehene Wimperntusche hat mir den Tag gerettet.« Es ist schon erstaunlich, was alles in den Rang einer Nachricht erhoben wird; die Autogrammkarte der Dame verriet allerdings, dass sie beim Fernsehen zu tun hat, und da wundert einen nichts.

Christine Lieberknecht, Ministerpräsidentin Thüringens, war mit einer Frisur aus reinem Gusseisen abgebildet. Vielleicht handelt es sich um eine Vorsichtsmaßnahme, falls sie einmal ihrem Amtsvorgänger Dieter Althaus begegnen sollte?

Der letzte Eintrag stammte vom 14. Februar 2012. Ulrich Kienzle, Autor von »Abschied von 1001 Nacht. Mein Versuch, die Araber zu verstehen«, hatte »Ihr habt die Uhren, wir haben die Zeit!« notiert und ergänzt: »Bedenkenswertes arabisches Sprichwort«.

Stimmt das? Viele Araber, die ich bisher traf, fielen nicht nur durch reichlich Ringe und Goldkettchen satt auf, sondern auch durch nicht minder gut sichtbare Armbanduhren. Aber vielleicht war das Sprichwort schon älter und bezog sich auf Sand-, Wasser- und Blumenuhren? Oder hatte Kienzle sich vertan und eigentlich schreiben wollen: Ihr habt die Huren, wir haben nie Zeit?

Im Gothaer Gästebuch fand sich keine Lösung für das arabische Frühlingsrätsel, nur noch leere weiße Seiten folgten und strahlten mich an. Ich war an der Reihe, ich musste die Fackel, die Chris de Burgh entzündet und an so viele Persönlichkeiten weitergereicht hatte, in die Hand nehmen und mit Würde tragen.

Und so schrieb auch ich ein bedenkenswertes arabisches Sprichwort ins Gästebuch:

»Es ist die Heilige Pflicht jedes Rechtgläubischen, die Welt mit radioaktiv angereichertem Koran zu belästigen und ihr mit Vernichtung zu drohen«, und dann unterschrieb ich als »Mammut Assassine Dschihad, Präsident des Uran«.

Ich bin gespannt, was der nächste Gast im Hotel am Schlosspark in Gotha darauf geantwortet haben wird.

Schwul mit sechs Jahren

Ich will schwul werden«, sagte der sechsjährige Sohn eines Freundes mit jener kindlichen Entschiedenheit, die sich stündlich auf ein anderes Ziel richten kann und gerade deshalb immer vollkommen ernst gemeint und ernst zu nehmen ist.

»Ah ja«, gab ich einigermaßen vage zurück, um den Knaben nicht zu unterbrechen, und er ließ mich auch gleich munter wissen, wie sein schwules Leben Gestalt annehmen werde: Mädchen seien eher blöd, er ziehe es vor, mit seinen Freunden zu spielen, mit Rennautos und Dinosauriern, Tim und Struppi seien auch gut, aber Pistolen wären natürlich das Allergrößte, vor allem, wenn man im Wald richtig schön herumtoben könne, ohne Erwachsene, die immer bloß Schiss hätten.

»Is' klar«, warf ich kurz und leise ein; wenn man einem originären Denker zuhört, soll man nicht dazwischenquatschen, sondern ihn nur ermuntern. Das schwule Wunschleben des Sechsjährigen breitete sich vor mir aus; es war die verblüffendste, rauhbeinigste und dabei gutmütigste Definition von Homosexualität, die ich je gehört hatte, randvoll mit reinherziger Freundschaft, astreinen Abenteuern und Gefahren, zing, zang, zong! Ich war sehr einverstanden und verlieh meiner Affirmation Ausdruck. Einem guten Mann soll man keine Steine in den Weg legen.

Andertags kam der Junge recht geknickt aus der Schule zurück. Er hatte ein Veilchen und sah auch sonst ziemlich zerdötscht aus. Was denn passiert sei, fragte ich ihn. Nach kurzem

Zögern sprudelte die Geschichte aus ihm heraus: Er habe seinen beiden besten Schulfreunden von seinem Plan erzählt, schwul zu werden, aber bevor er seine Ideen näher habe ausführen und präzisieren können, hätten sie ihn schon vermöbelt. Der eine, ein Sohn indischer Eltern, habe ihm ein blaues Auge gehauen, und der andere, kosovarischer Herkunft, habe ihn mehrfach getreten.

»Ich will nicht mehr schwul werden«, verkündete der Junge fest. »Man kann ja auch so mit Autos spielen.« Da war etwas dran. Integration, also die Balance der Kräfteverhältnisse, ist auch ein anderes Wort für Lektion; besonders interessant daran ist immer, wer wem wann welche erteilt oder erteilen darf, welches Regelwerk dabei gilt und wer es definiert und bestimmt.

Der Junge ging in sein Zimmer. Während ich mich wieder der Zubereitung des Essens widmete, hörte ich ihn seine Spielzeugpistolen abfeuern und war ein kleines bisschen neidisch.

Rot lackiert
Eine Begriffsverteidigung

Wann und wo immer die Formulierung »rot lackiert« auftaucht, wird sie automatistisch durch das Wort »Faschisten« ergänzt. »Rot lackierte Faschisten« ist ursprünglich ein Schmähbegriff gegen Kommunisten, der auf den Sozialdemokraten Kurt Schumacher zurückgeht. Helmut Kohl brachte ihn dann gegen die PDS in Stellung, und zahllose Nachplapperer machten aus den »rot lackierten Faschisten« so lange ein Wort von der Geflügelfarm, dass sogar der NPD-Fraktionsvorsitzende im Landtag von Mecklenburg-Vorpommern Udo Pastörs den Rotlackfaschismusvorwurf erhob.

»Sie sind nicht besser als die links- oder rotlackierten Faschisten auf der linken Seite hier in diesem sogenannten hohen Hause«, rief Pastörs Ende Januar 2011 den Mitgliedern der CDU-Fraktion zu, und das ist schon auch lustig, wenn ein Nazifunktionär das schwingt, was in Deutschland mittlerweile »Faschismuskeule« genannt wird. Nur die Nazis können die Welt noch vor dem Faschismus retten; sie verstehen schließlich am meisten davon.

Ich denke bei »rot lackiert« nicht an Faschisten, sondern an Fußnägel. Seit ich denken kann, hat mich der Anblick rot lackierter Frauenfußnägel begeistert; die kirschrot glänzenden Nupsis sind hinreißend. Ich muss etwa fünf Jahre alt gewesen sein, als mich ihr Anblick zum ersten Mal schwindelig machte.

Es war Mitte der 1960er-Jahre in Bad Oeynhausen. In dem alles andere als betuchten Fünfpersonenhaushalt, in dem ich aufwuchs, war ein Budget für Nagellack nicht vorgesehen. Das war bei den Wohnungsnachbarn offenbar anders. Herr Richartz arbeitete als Fotograf, und seine Frau war sein Lieblingsmodell. Sie war groß, schlank, elegant, hatte langes blondes Haar, ließ im Sommer lange, sonnengebräunte Beine sehen, trug hochhackige, luftige Sandalen und hatte rot lackierte Fußnägel.

Der Anblick dieser schönen Frau, der ich noch nicht einmal bis zum Nabel reichte, machte mich schier wahnsinnig. Mit ihrem Sohn, der etwas älter war als ich, war ich gar nicht sonderlich befreundet, aber ich klingelte dauernd an der Nachbarstür, angeblich, um mit Thomas zu spielen, aber das war sowas von gelogen. Ich wollte nur seine Mutter sehen, möglichst in einem kurzen Kleid oder Rock, und, bitte!, mit diesen rot lackierten Fußnägeln.

Ich war verliebt, und mein Begehren war nicht platonisch. Das Wort Sex hatte ich mit fünf Jahren noch nicht gehört und hatte von nichts eine Ahnung, aber dass sich in und an mir etwas regte, war nur zu deutlich spürbar. Die magisch glänzenden rot lackierten Fußnägel entfalteten heftige Wirkungen, doch mein heimliches Verlangen wurde nicht erhört. Der von allen Kindern verabscheute, weil sie vom wahren Leben ausschließende Satz »Dafür bist du noch zu klein« traf hier in jeder Beziehung zu.

Etwas später ging ich mit einem gleichaltrigen Nachbarsmädchen auf Entdeckungsreise, wir waren beide neugierig und zeigten uns gegenseitig alles. Dass sie sich nicht die Nägel lackierte, störte mich überhaupt nicht. Aber wann immer ich Frau Richartz im Treppenhaus begegnete und sie von Kopf bis zu den Füßen betrachtete, fuhr es mir gewaltig ein.

Dann zog meine Familie fort von Bad Oeynhausen, ich dachte nicht mehr an die schöne Nachbarin, aber als ich, viele Jahre später und vom Kind zum jungen Mann herangewachsen, eine schöne Frau mit rot lackierten Fußnägeln im Café sitzen sah, wusste ich schlagartig, dass ich nichts vergessen hatte.

Bis heute denke ich bei den Worten »rot lackiert« nicht an blöde Faschisten, sondern an etwas Schönes, Aufregendes und noch immer Verheißungsvolles. Und an einen Jungen, dessen Gefühlslage ich heute so beschreiben würde:

> So steht man da, fünfjährig unschuldig,
> in seiner Unterhose einen Steifen,
> und lernt, nicht ohne Seelenschmerz:
> Zum Mann muss man erst reifen.

Ein Freizeichenton
von Vodafone

Neiiin! Igitt! Das ist ja ekelhaft!« Die Frau einen halben Meter vor mir auf dem Bürgersteig hält abrupt in der Vorwärtsbewegung inne, starrt ihr Taschentelefon an und zeigt es dann ihrer Begleiterin. »Kuck dir das an! Wollen die mich quälen?« Die beiden bleiben stehen, ich tue es ihnen notgedrungen gleich, sie haben die Kleinelektronik im Blick, und die Besitzerin des Taschentelefons liest laut vor:

»Lieber Vodafone-Kunde, wir sagen Danke und schenken Ihnen einen Freizeichenton. Einfach nur, weil Sie es sind. Statt des normalen ›Tuut-tuut‹ hören Ihre Anrufer den Song ›Wenn Worte meine Sprache wären‹ von Tim Bendzko.«

Sie lacht, der Ton ist leicht hektisch. »Überleg mal: Wenn ich das mache, ruft mich doch nie wieder einer an! Dann gratuliert mir wirklich nur noch Vodafone zum Geburtstag!«

»Stimmt«, sagt ihre Begleiterin nachdenklich. »Wenn du dir diese Peinlichkeit an die Backe klatschen lässt, bist du tot. Dann kannst du auch Fahrstuhl werden oder Kaufhaus, die Muzak ist ja schon dabei.«

Die Frau mit dem Taschentelefon ist noch immer fassungslos. »Dieses ›Einfach nur, weil Sie es sind‹ ist nicht zu glauben! Für die bin ich gerade mal so exklusiv wie ein Discounter. Und dann dieser Tim Renner oder Wiese oder Bendzko; das ist doch kein Name, das ist ein Urteil. Sowas wie Kevin. Wenn du Tim oder Kevin heißt, dann ist das eine Botschaft: Vielleicht gibt es irgendwo auf diesem Planeten irgendjemanden, der dich liebt. Aber deine Eltern sind es jedenfalls nicht.«

Sie hat sich gefasst, geht weiter und zeigt auf die Lebensmittelhandlung auf der anderen Straßenseite. »›Wenn Gurken mein Gemüse wären‹ wäre ja ein super Songtitel, den würde ich mir glatt aufs Telefon ziehen«, sagt sie und versenkt die Vodafone-Droh-Drohne in ihrer Manteltasche.

Ich gehe meiner Wege. Wenn Eier meine Hühner wären, könnten sie gackern? Und umgekehrt? Wenn Hühner meine Eier wären, lachten dann die Hühner? Ehe der Kran dreimal gehäht hat?

Die Ventilatoren des Nichts kann man nicht an ihren Worten messen, sondern, im Gegenteil, an ihrer Sprache.

Die Weisheit der Post

Lag es an der Faszination des Wortes Münzschlitz, dass ich sechs Euro in den Münzschlitz eines Briefmarkenautomaten steckte? Nein, es war Abend und die Filiale der Post geschlossen, und so musste ich, um noch Briefe und Karten zu expedieren, mit den eher hässlichen automatengedruckten Postwertzeichen vorlieb nehmen: 6 x 55 Cent, 6 x 45 Cent, und ab geht die Post.

Ging sie aber nicht. Zwar behauptete das Display des Automaten zunächst, die Briefmarken würden gedruckt, meldete dann aber erst den Defekt des Druckers und kurz darauf den des ganzen Automaten: Die finale Meldung »Außer Betrieb« beinhaltete auch die Störung der Geldrückgabefunktion. Die Penunze steckte im Apparat, und was ein richtiger Apparat ist, der rückt nichts raus.

Doch trotz des Druckerdefektes fiel noch etwas Gedrucktes ins Ausgabefach des Automaten: ein Beleg über sechs eingezahlte Euro, den ich, so stand es darauf geschrieben, in einer Filiale der Post vorlegen könne. Was ich, noch immer beeindruckt von den Geheimnissen der sagenhaften Automatenwelt, anderntags tat.

Kurz schilderte ich dem Mann am Schalter das Geschehene und legte ihm das Beweismittel vor. »Oh, kompliziert«, stöhnte er auf und wandte sich an eine Kollegin, die ihn aber sogleich an eine weitere Kollegin verwies, die sich mit dieser »schwierigen Sache« auskenne. Diese Kollegin suchte der Mann auch sogleich auf, ich sah sie miteinander sprechen und hörte, wie sie scharf »Aber nur in Briefmarken« sagte.

Der Postler kehrte zu mir zurück, tippte etwas in die Tastatur seines Computers, griff dann in seine Kasse und legte mir einen Fünf-Euro-Schein und eine Ein-Euro-Münze hin. »Gar nicht drüber nachdenken«, sagte er, ohne mich anzusehen, und ergänzte: »Da darf man nicht mit Logik drangehn.« Er sprach wohl mehr zu sich selbst. Dann zog er ein Formular aus einer Ablage, sah mich an und fragte in höflichem, fast entschuldigendem Ton: »Haben Sie Ihren Ausweis dabei?«

Das hatte ich, kramte das Dokument hervor und sagte: »Die Arbeit müssen Sie sich aber doch bitte gar nicht machen. Ich möchte ja Briefmarken kaufen, genau wie gestern schon.« Er übertrug etwas vom Ausweis auf das Formular, schob es mir hin und bat mich um meine Unterschrift. Ohne zu lesen quittierte ich, bat um Briefmarken, bekam sie ausgehändigt und zahlte mit demselben Geld, das er mir zuvor erstattet hatte.

Lächelnd steckte ich die Briefmarken in die Innentasche meines Mantels. Der Mann hinter dem Schalter sah mich an und sagte nochmals leise und freundlich: »Einfach nicht drüber nachdenken. Sonst springt man aus dem Fenster.«

Ich ging. Aus dem Fenster springen, wenn der Raum im Parterre liegt, ist keine große Sache, dachte ich zunächst, aber dieser Sarkasmus verfehlte den Kern; der Mann war kein Angeber gewesen. Seiner Stimme hatte ich anhören können, dass jedes seiner Worte mit eigener Erfahrung bezahlt war: »Einfach nicht drüber nachdenken. Da darf man nicht mit Logik drangehn. Sonst springt man aus dem Fenster.« Es war ein Rezept zum Überleben in einer Welt, die auch heißen könnte: Irrsinn, Irrsinn & Irrsinn, Rechtsanwälte.

Ich frankierte meine Post, warf sie in den Briefkasten und ging zur Sparkasse, den nächsten Automatenabenteuern entgegen.

»Fit für den Winter«?

Eine Plakatreklame fragt den Betrachter: »Ist Ihr Haus fit für den Winter?« Ich kenne die Antwort nicht, besitze ich doch kein Haus und werde mir, mit Rilke, jetzt auch keines mehr bauen. Selbst aber wenn ein Haus mein Eigen wäre, könnte ich nicht sagen, ob es »fit« ist und, wenn ja, für was.

Nicht nur für Häuser gilt die Winterfitnesspflicht. »Ist Ihr Auto fit für den Winter?«, wird der Autobesitzer gefragt, denn der Sinn allen Besitzes besteht darin, sich immerzu um ihn zu sorgen. Und so muss selbst ein mit Füßen getretener Teppich »fit für den Winter« sein oder werden. Was nicht »fit für den Winter« ist, das wird »fit für den Winter« gemacht, so verlangt es die Winterhilfswerksordnung.

Das ist der Grund dafür, dass man so viele keuchende Teppiche, japsende Autos und schwitzende Häuser durch die Straßen walken, joggen und biken sieht, als wären sie ihre eigenen Eigentümer. Wie diese checken auch Teppich, Auto und Haus regelmäßig im Fitness-Studio ein, als »Power-Payback-Kunden« versteht sich. Anschließend geht es noch ein bisschen zu »Wellness & Beauty« und in den Salon »Vorher – Nachhair«, zur »Hair Affair« zwischen den Top-Haircuttern »Buddhar«, »Haircules« und »Haarald«, die »Hairline & Grooming« anbieten. (»Grooming« ist, wenn Ihnen jemand etwas in die Haare schmiert; schließlich sind Sie, vergessen Sie das nie, »born to be styled«.)

Beim »Grooming« treffen die inzwischen ziemlich »fitten«

Autos, Teppiche und Häuser auch auf ihre Besitzer: Fußballspieler, die wissen, dass »fit« sein überhaupt nicht reicht, wenn man doch »topfit« zu sein hat, weil »top« sein einfach alles ist, gerade als Mensch: »Er ist nicht nur ein Top-Spieler, sondern auch ein Top-Mensch«, sagte der Fußballprofessionelle Mario Gomez in *Bild* über seinen Kollegen Lukas Podolski und strich sich anschließend eine gegroomte Haarsträhne glatt, ein für »Top-Menschen« unverzichtbares Accessoire.

Was aber ist und wie wird man »ein Top-Mensch«? Ist »Top-Mensch« der letzte Schrei der Menschheit, oder schwebte schon Nietzsche der »Top-Mensch« vor? Modellierte Arno Breker den »Top-Menschen«? Handelt es sich um das revolutionäre Ideal des »neuen Menschen«?

Kann sich zum »Top-Menschen« nur emanzipieren, erheben und aufschwingen, wer nicht damit zufrieden ist, bloß »ans Limit zu gehen« und »seine Leistung abzurufen«, sondern sich permanent »weiter optimiert«, weil er ja immer »noch Luft nach oben hat«? Und gehört es auch zu den Aufgaben der Sprache, Lebenswirklichkeit wiederzugeben, oder ist sowieso alles Reklame, Werbung, Marketing und Propaganda?

Die alte Darwin'sche Maxime vom »survival of the fittest«, dem Überleben des am besten Angepassten, wurde einigermaßen relativiert, als »fit« der Name eines Geschirrspülmittels wurde. Das geschah im Jahr 1954, im damaligen Karl-Marx-Stadt; besonders erstaunlich ist, dass diese Form von »fit« bis heute überlebt hat, obwohl der Name nicht zu »topfit« quasi »top-optimiert« wurde und sein Bekanntheitsgrad unter »Top-Menschen« eher gering ist.

Ob man mit »fit« aber sein Haus, sein Auto und seinen Teppich »fit für den Winter« machen kann, das weiß allein der Nesquik.

Winterzeit, Sommerzeit, zu viel Zeit
Eine Irritation

Ich lag in meinem Bett, das auf kabbeliger See in den Wellen trieb. Die Wasser fluteten über das floßgroße Bett, ich hatte nur ein einziges Paddel zur Verfügung, um mein Gefährt auf Kurs zu halten. Eine große, schnittige Segelyacht zischte heran, sie hieß »Redaktion«. Von der Reling winkte mir ein gutes Dutzend weißgekleideter Menschen zu. Eine schnatzige Blondine griff zu einer Flüstertüte und rief launig: »Nicht nachlassen. Immer schön liefern …!«

Die Yacht machte gute Fahrt, während mein Bettfloß von den Wellen hin und her getost wurde. Von Ferne hörte ich die Schiffsglocke läuten; seltsamerweise wurde sie immer lauter, je weiter sich die Yacht entfernte. Das Geläut dröhnte mir in den Ohren, als ich erwachte. Es war Sonntagvormittag, die Kirchenglocken hämmerten.

Ich sah auf die Uhr. Die Christen bimmelten später als gewöhnlich. Hatten sie endlich ein bisschen Einsehen? Nein, das verspätete Läuten verdankte sich einzig dem Umstand der Umstellung öffentlicher Uhren auf die Winterzeit. Die Christen missverstanden Religionsfreiheit weiterhin als Einladung zur Belästigung anderer; das ist ja auch die tragende Säule ihres Glaubens seit dessen Anbeginn.

Ich aber hatte eine Stunde Zeit gewonnen, die ich nicht erbeten hatte. Es gibt kein größeres Übel als ein Übermaß von Zeit zur persönlichen Verfügung; dabei ist noch niemals etwas Gutes herausgekommen. »Ich hatte leider Zeit«, heißt es bei Joachim

Ringelnatz. Mir wurde unwohl; eine Stunde Zeit pro Tag extra, was war das denn wieder für ein Unfug?

Wenn ich diese Zeit, spann ich den Faden weiter, ein Jahr lang ansparte, ergäben sich daraus bei 365 Tagen mehr als 15 Tage. Das warf bedrückende Fragen auf: Was würde ich mit dieser Zeit anfangen müssen? Und vor allem: Wie war das Wort »ansparen« in meinen Kopf gekommen?

Mir fiel wieder ein, wie ich tags zuvor einen Freund gefragt hatte: »Wenn morgen die Uhren auf Winterzeit umgeschaltet werden, dreht man die Zeiger dann eine Stunde vor oder eine zurück?« Er hatte mich angesehen, als sei ich ein Dreikäsehoch: »Natürlich stellt man sie vor! Es muss ja morgens früher hell sein. Also ist im Winter acht, was im Sommer sieben ist.«

Ich hing, nach guter Auskunft dürstend, an seinen Lippen, doch wurde ich gewahr, wie sein Geist ins Schlingern und Taumeln geriet auf strunkeligem Terrain. »Nein, Quatsch«, korrigierte er sich, »es ist ja ganz anders. Also man stellt die Uhr nicht vor, sondern zurück, damit es abends länger dunkel ist. Damit sieben quasi acht ist oder vier fünf ...« Er brach den Satz ab und begann, mit Daumen und Zeigefinger seiner linken Hand die Finger seiner rechten abzuzählen, während ich ihm zusah und stumm mitzählte. Ich war sehr froh, dass seine beiden Kinder uns nicht so sehen konnten.

Auch am folgenden Tag wurde mein Leben durch die Umstellung der Uhren auf eine harte Probe gestellt. Es war eine Probe mit der Band, angesetzt für 9 Uhr 30 am Montagmorgen. Hätte sie in der Sommerzeit erst ab 10 Uhr 30 stattgefunden oder schon ab 8 Uhr 30? Wieso wollte ich das wissen? Und warum probten Musiker überhaupt am Morgen? Wurde man nicht Musiker, um ein Leben im Lotterbett und in Saus und Braus zu führen? Oder war das eine antiquierte Vorstellung?

Ich schaltete das Radio ein; das Kulturradio gibt Antworten auf Fragen, die ausschließlich sogenannte und selbstempfindende »Kulturmenschen« plagen. Ein Sprecher sagte, die Umstellung der Uhrzeit würde durch eine »Atomuhr« gesteuert; er sagte tatsächlich »Atomuhr«. Was ist eine »Atomuhr«? So etwas wie ein »Atombusen«, nur eben als Uhr? Eine Uhr mit Leuchtzifferblatt? Eine radioaktive Armbanduhr? Meine Armbanduhr leuchtet nicht, sie hat nur einen Minuten- und einen Stundenzeiger und kann sonst nichts, kein Datum anzeigen oder die Wassertiefe messen oder was die dicken Zwiebeln sonst noch so auf der Pfanne haben.

Meine Armbanduhr ist analog und flach und unauffällig; sie hat ein Lederarmband, das manchmal, vor allem im Sommer, wenn man etwas mehr schwitzt, ziemlich stinkt. Wenn man mit der Uhrhand in Nasennähe kommt, riecht das etwas eklig, aber man schnuffelt trotzdem am Armband herum, um den Uhrarmbandgeruch einzusaugen und abzuspeichern. Der Uhrarmbandgeruch ist bei jedem Menschen anders, er ist quasi sein ihm wesenseigener olfaktorischer Fußabdruck; manche sagen auch, er mache einsam. Wenn man starken Uhrarmbandgeruch hat, weiß man, dass die Uhren auf Sommerzeit gestellt sind, bei schwachem oder ganz verschwundenem Uhrarmbandgeruch herrscht Winterzeit; dies nur zu Ihrer groben Orientierung.

Der Teufel steckt im Paket

Wer Deutschen etwas unterjubeln will, der verkauft es ihnen »im Paket«. Paket, das klingt doch wie Weihnachten, nach einem Geschenk oder zumindest nach einer schon sehnlich erwarteten Sendung.

Auch von der Bank und der Versicherung bekommt der Deutsche alles »im Paket«, denn »im Paket« ist »kompakt«, was immer mit »kompakt« gemeint sei; doch nicht etwa der Kompakt mit dem Teufel? Aber nein, »kompakt« hört sich »griffig« und »robust« zugleich an und hat auch die Anmutung von Rabatt beziehungsweise sogar von »Extras«. Im kompakten Paket, scheint es, hat man alles beisammen, »im Paket« ist auch praktischer und günstiger als in einzelnen Teilen; kurz: »im Paket« ist »die perfekte Lösung«, die »kompakte Paketlösung« eben.

Tatsächlich bekommt man »im Paket« mehr angedreht als einem lieb sein kann; »im Paket« ist wie »All you can eat«, alles was reingeht, auch wenn es wehtut. Im Paket ist wie »all inclusive« und schließt eben auch all das ein, was man auf gar keinen Fall haben oder erleben möchte. Wer etwas »im Paket« bekommt, kann sich des Unerwünschten, Unerbetenen gewiss sein; ob das, was er eigentlich bestellte, »im Paket« dann überhaupt noch vorhanden ist, fällt eher in den Bereich des Fakultativen. »Im Paket« bedeutet »Friss oder stirb« und ist also, mit einem anderen Haudraufundschlusswort gesagt, ganz und gar »alternativlos«.

Die Steigerung von »im Paket« heißt »im Doppelpack«;

Doppelpack bedeutet zwei Pakete in einem, man bekommt also doppelt so viel bei gleichzeitiger doppelter Ersparnis, aber Ersparnis von was? Wer darüber einmal nachdenkt, und zwar kompakt, dem schwirrt schon bald der Kapet-, nein: der Paketkopf: Doppelpack schlägt sich, Doppelpack verträgt sich.

Paket ist ein anderes Wort für Mogelpackung: »im Paket« bekommt man zehn Dinge angedreht, von denen man mindestens neun gar nicht will oder braucht. Das gilt im – gepriesen sei das Wort »online Bestell-Shop« – ebenso wie im Bankwesen oder in der Politik. Pakethändler sind Trickbetrüger, und ein Anlageberater oder Finanzminister, der Ihnen etwas »im Paket« serviert, hat eine große Karriere als Hütchenspieler entweder schon hinter oder noch vor sich.

Pakete sind ein gutes Geschäft für den, der nichts zu bieten hat, aber jede Menge Schruuz und Schrapel loswerden muss. Sie haben kleine Kinder, die hin und wieder anderswo gern etwas zerdeppern, oder Sie sind selbst ungeschickt und klumsig und möchten deshalb eine Haftpflichtversicherung abschließen? Im Paket geht das doch viel besser, und ehe Sie sich's versehen, sind Sie gegen alles versichert, das Ihnen außerhalb eines Versicherungsbüros niemals zustoßen kann. Auch der Kindermund weiß ein Lied davon zu singen und schuf eine Parodie auf die Reklameparole eines großen Versicherungskonzerns: »Hoffentlich am Schwanz versichert«. Aber im Paket, bitte.

Wer die Welt »im Paket« anbietet, betrachtet auch ihre Bewohner paketweise, als Herde und Abmelkmasse, die nicht en detail, sondern en gros Gewinn abwirft, eben »im Paket«. Denn die Geschäftsordnung besteht: Wer nicht allein zugrunde geht, der geht zusammen, im Paket.

Super sagen

Alle sagen »super«, und das schon lange. Mindestens seit Beginn der neunzehnhundertneunziger Jahre ist alles »super«, auf Österreichisch »ßuupá!«, auf Schweizerdeutsch »ßuuprr!«. Auch die beinahe schon verzweifelt deutliche Parodierung durch »Supi! Supi! Supi!«, die ich dem »Super«-Geschrei im Jahr 1993 entgegenwarf, richtete selbstverständlich nichts aus gegen die Inflation des »super« beziehungsweise sogar »das ist ja suuper!«

»Super« passt perfekt zur allgemein perfekten Superlativitis, in der nichts mehr »geht so«, »so lala«, »och ja, ganz gut« oder französisch »ça va« sein darf, denn das wäre dann schon »suboptimal«, also das Gegenteil von »super«. Die McKinseyisierung der Welt schafft eine eigene, mckinseyisierte Sprache, in der jeder Kosteneinsatz »minimiert«, jeder Gewinn »maximiert« und somit alles »optimiert« wird, zumindest theoretisch, und der einzige Laden, der garantiert immer verdient, heißt McKinsey. In Brechts Gedicht »Ein Fisch mit Namen Fasch« sind Funktion und Nutzen der McKinsey-Sorte Existenz treffend beschrieben. Niemals ist oder wäre die McKinseysprache das, was manche Leute als »rassistisch« oder »sexistisch« bezeichnen, wenn Geschlecht und Hautfarbe eines Menschen genannt werden; die McKinseysprache ist ganz neutral menschenfeindlich, sie kennt nur noch »Personen«, die man entlassen beziehungsweise »freisetzen« oder »freistellen« kann, und das ist unbedingt ein Fortschritt.

Ungemein tröstlich aber ist, dass es einen Ort gibt, an dem man ohne Bedenken »Super« sagen kann. Es handelt sich dabei um eine Tankstelle.

Entspannte Kommunikation

Der Mann am Nebentisch sieht aus wie Til Schweiger mit diesen Gesichtsflusen, über die man in ein paar Jahren sagen wird, sie seien in besonders peinlichen Zeiten Mode gewesen. Er trägt halblange schwarze Hosen und spricht mit ausladenden Handbewegungen. Ohne neugierig zu sein, erfährt man, dass sein »Projekt« gut läuft und »Perspektive hat« und alles »ganz entspannt« ist. Auch seine Freizeitgestaltung ist »der Hammer« und »total entspannt«, sagt er, ruckelt mit dem Kopf und rudert mit den Armen herum.

Seine Zuhörerin ist deutlich jünger als er, sie hat langes, dunkles Haar, leuchtend dunkle Augen und sagt nichts. Das wäre auch schwierig, denn er spricht ohne Unterlass über sein eines Thema: Wie er doch so großartig und alles so entspannt ist. Dabei starrt er sie aus engen Spermaaugen an, schenkt Wein nach, den er »echt super« findet und das auch mitteilt, sonst wüsste man es ja nicht, und dann wäre das Leben an den Nebentischen des großen Mannes inhaltslos und leer.

Sein Telefon klingelt, er spricht kurz hinein, »ja, alles klar, machen wir so, ganz entspannt«, und dann berichtet er der Dunkelhaarigen, dass auch »das nächste Ding total easy« sein wird. Irgendwann schweigt er tatsächlich mehrere Nanosekunden am Stück; ob er sich eine Zungenzerrung zugezogen hat? Die Dunkelhaarige nutzt die Gelegenheit und spricht. »Mein Freund«, hebt sie an, das ist deutlich, er unterbricht sie und fragt: »Wie läuft es denn so mit euch beiden, alles ganz entspannt?«

Sie spricht weiter, er verlegt sich aufs Interesseheucheln, sagt »Aaah ja«, nickt beständig und lässt seinen ejakulatfarbenen Blick auf ihr liegen, sie klammert sich an die Schutzworte »mein Freund«, und dann passiert das Malheur: Der Samen tritt ihm zwischen den Lidern aus, und sie reicht ihm ein Papiertaschentuch.

Männer, die
»... und meine Wenigkeit« sagen

Weniger wäre mehr gewesen«, lautet ein nicht selten zutreffendes Urteil. Manchmal will weniger aber auch nur mehr sein: Wenn jemand sich selbst »meine Wenigkeit« nennt, dann ist dieses Wenige weit mehr an Eitelkeit, als man sonst geboten bekommt.

»Meine Wenigkeit« klingt verdruckst und protzig zugleich und platzt schier vor geheuchelter Bescheidenheit. Wer »meine Wenigkeit« sagt, spricht von sich selbst in der dritten Person und ist schon gut fortgeschritten auf dem Weg in den Cäsarenwahn. Der hört sich im Endstadium dann so an: »Das hat ein Lothar Matthäus nicht nötig«, oder: »Der Papa geht jetzt mal in den Laden, und dann kommt der Papa aber auch gleich wieder raus.« Es sind die Würstchen, die den Napoleon-Komplex kultivieren. Würstchen erkennt man daran, dass sie zu allem ihren Senf dazugeben müssen. Oder daran, dass sie »meine Wenigkeit« sagen.

Niemals hörte ich eine Frau sich selbst »Meine Wenigkeit« nennen. Keine Frau, und mag sie noch so mit sich hadern, bringt das über sich. »Meine Wenigkeit« ist männlich, eine Mischung aus Selbsterhöhung und Selbsterniedrigung. Man bläst sich auf, man macht sich runter, und dazwischen ist nichts. Beziehungsweise eben »Meine Wenigkeit«.

Welches Kind hätte »Mein Urgroßvater und ich« von James Krüss gelesen, wenn das Buch »Mein Urgroßvater und meine Wenigkeit« hieße? Robert Gernhardts Roman »Ich Ich Ich« dürfte unter dem Titel »Meine Wenigkeit Meine Wenigkeit Meine Wenigkeit« kaum einen Leser gefunden haben, und Arthur Rimbaud wäre mit dem Satz »Meine Wenigkeit ist ein anderer« allenfalls als prätentiöser Selbstspreizer aufgefallen.

Vieles schon ist gegen den nicht sehr originellen und genau deshalb aber auch so gern genommenen und gehörten Satz »Ich liebe dich« vorgebracht worden. Verglichen mit »Meine Wenigkeit liebt dich« aber leuchtet er geradezu arsch- und sternenhimmelklar.

Blasenexperten

China, also die ganze chinesische Wirtschaft, das ist doch nur eine einzige gigantische Blase. Und wenn die platzt ...«

Der ältere Herr am Nebentisch spricht in dramatischem Ton auf ein vergleichsweise etwas jüngeres Gegenüber ein, einen Mann Mitte 50, der die Bedeutsamkeitsbeschallung offensichtlich nicht als übermäßig beglückend empfindet, aber in einer Art Höflichkeitsstarre verharrt. Bevor er erfahren muss, was passieren wird, wenn die riesige chinesische Blase platzt, klingelt sein Telefon, das er, erleichterten Antlitzes, aus seiner Tasche zerrt. Sehend, wer ihn anruft, maskiert er sich mit einem Lächeln und flüstert über den Tisch: »Pardon, das ist meine Frau, ich muss da rangehn.«

Das fahle, gleichsam käsfußene Gesicht des Experten für das chinesische Blasenplatzen zeigt den unfrohen Ausdruck eines Mannes beim Interruptus. Die Worte des Welterklärers stehen im Gefühlsstau und hupen. Sie wollen ans Ziel und dürfen nicht; das sorgt für sichtlichen Unmut.

Kaum hat der Beschwallempfänger das eheliche Telefonat beendet, da schießt der Blasenmann schon wieder vor. Redundanz ist für ihn kein Kriterium, also auch kein Hinderungsgrund. »Also wenn diese ganze gigantische chinesische Wirtschaftsblase platzt«, hebt er erneut an, als das Telefon seines Zwangszuhörers abermals klingelt. »Nochmal meine Frau«, flüstert er wieder, hebt das Telefon ans Ohr und dreht sich seitlich weg.

Dem Blasenspezialisten hängt ein halber Satz aus dem Mund, auf der anderen Hälfte kaut er herum, sie quillt ihm geradezu aus den Augen. Er wendet sich mir zu; an wen er seine Expertise loswird, scheint ihm mittlerweile egal zu sein, Hauptsache, er bringt sie an den Mann.

Eine Zeitung kann Leben retten und Frieden spenden. Ich hebe sie vom Tisch hoch, schlage sie auf und bringe sie ins Gesichtsfeld zwischen den Blasenkopf und mich. Wenn Blasen platzen, wird es für gewöhnlich sehr nass, und es riecht dann auch nicht gut. Mich aber wird keine platzende chinesische Blase bespluddern und benetzen, und kein urinaler Dunst wird meine Nase schänden.

Eine ältere Dame tritt an den Nebentisch, an dem der Ehemann sich offenbar entschlossen hat, das Telefonat mit seiner Frau noch ein wenig auszudehnen. »Komm, Manfred«, sagt die Dame zu dem Mann mit der halben Blase im Mund, »wir müssen jetzt wirklich zum Geburtstag.«

Endlich verstehe ich: Blase ist ein anderes Wort für Familie. Wenn man sagt, dass die ganze Blase zu Besuch kommt, ist damit die Verwandtschaft gemeint. Hat der Mann chinesische Verwandte, und fürchtet er, auf der Familienfeier, die in einer Wirtschaft stattfindet, könne irgendjemandem aus der ganzen Blase der Kragen platzen, wie das bei Familienfeiern ja vorkommt? So wird es sein; und ist es nicht schön, wie die Sprache als solche uns immer wieder auf die Sprünge hilft?

Ich luge über den Zeitungsrand; der Blasentheoretiker ist rhetorisch nicht zu Potte gekommen und sieht entsprechend unbefriedigt aus. Seiner Frau muss er nicht mehr sagen, was auf die Welt zukommt, wenn die ganze chinesische Blase erst geplatzt ist, denn seine Frau kann das garantiert auswendig aufsagen, was sie aber, Hosianna in der Höh, nicht tut.

Sie ziehen von dannen, ich winke dem Kellner, denn mir ist die geheimnisvolle Botschaft wieder eingefallen, die an Tankstellen zu lesen ist: Blasenfrei zapfen.

Rahmen skizzieren

Einmal, als Gott noch auf der Erde wandelte, machte er sich selbstständig und verkleidete sich als Fotograf. Er verstand sich auf seine Sache gut und erwarb sich bald Rang und Namen. Durch seine Bilder von den »schwarzen Löchern« wurde er weltberühmt, aber das bedeutete ihm nicht viel.

Lieber fotografierte er Geschöpfe wie Gänse und Seehunde und Menschen, und weil Gott nicht altmodisch war, stellte er seine Arbeit ins Internet, damit alle Menschen Freude an ihr haben könnten, so sie das denn überhaupt wöllten. Er hatte auf irgendeinem Empfang einmal etwas vom »freien Willen« reden hören, das entsprechend »hochinteressant« gefunden und sich dann fix an die Bar verdrückt.

Durch das Internet wurde ein reiches Paar auf ihn aufmerksam, das sich nachts stark miteinander langweilte und deshalb gern »surfte«, wie man so sagte. Das Duo wollte eine »Ereignishochzeit« begehen und ihn dafür als Hausfotografen anheuern. Die beteiligte Dame schickte Gott eine Elektropost: ob er das zum Termin tun könne und was er denn dafür »aufrufen« werde.

In seiner Zeit auf Erden hatte Gott das Wort Kostenvoranschlag ebenso erlernt wie die Fähigkeit, sich darüber zu freuen. Es war ein Synonym dafür, beispielsweise ein Honorar von einer Million Moppen verbindlich zu vereinbaren und später acht Milliarden zu fordern.

Aber weil er sich aus anderem Lehm geknetet und aus härterem Holz geschnitzt hatte, schickte er einen fairen Honorarvorschlag; auch seinen Assistenten, dessen pittoreske Wundmale immer gut ankamen bei der Kundschaft, stellte er trotz grassierender Inflation nicht höher als mit den üblichen 30 Silberlingen in Rechnung.

Zügig erhielt er elektronische Antwort. Die Dame teilte ihm mit: »Ich konnte zwischenzeitlich mit meinem Mann sprechen und dabei feststellen, dass der skizzierte Rahmen für diesen ganz privaten kleinen Event wohl doch etwas zu groß ist ...«

Gott freute sich ein Loch in den Bauch. Von allem, das er je erschaffen hatte, war ihm die menschliche Spezies am trefflichsten gelungen. An ihrer Sprache erkannte man ihre Vertreter immer und zuverlässig. Der »skizzierte Rahmen« war schon ganz große Kunst, auch der »ganz private kleine Event« stand nicht dahinter zurück, aber die Formulierung »ich konnte zwischenzeitlich mit meinem Mann sprechen« war einfach nicht zu schlagen.

Kein Wunder, dass ich Adam und Eva damals vor die Tür gesetzt habe, schoss es ihm durch den Kopf. Und zwar achtkantig, dachte er noch und lächelte zufrieden.

Zonenwelten

Es gibt die Fußgängerzone, die Tempo-dreißig-Zone, die Umweltzone, die Sicherheitszone am Flughafen und die Gebetszone. Frauennormierungszeitschriften erfanden die Bikini-Zone und, ganz besonders niederträchtig, die Problemzone. Auch die Michelhouellebecq'sche »Ausweitung der Kampfzone« steht jedem offen, der sowas mag, und der Fernsehmoderator Dieter Moor erklärte den brandenburgischen Landstrich, dem er zuzog, gleich gewinnbringend zur »arschlochfreien Zone«.

Ein geographisch kleinerer Teil Deutschlands wurde jahrzehntelang als »die Zone« beziehungsweise »sowjetisch besetzte Zone« oder »Ostzone« bezeichnet und nach der Aneignung durch den größeren Part wahlweise durch Partyzonen oder durch »national befreite Zonen« ersetzt.

An Zonen herrscht also keinerlei Mangel, an einer Zonengrenze möglicherweise schon, denn Zonen gibt es so überreichlich, wie es »Kulturen« gibt, beispielsweise die von Wolfgang Thierse ausersonnene »Entfeindungskultur«, auf die Eckhard Henscheid schon vor Jahren hinwies.

Das Wort »Zone« hat die Qualität von »Universum«, »Welt« oder »Philosophie«; jeder Gastronom erklärt seine »Geschäftsphilosophie« – Philosophie bedeutet Liebe zur Weisheit –; Installateure, die Herren von Gas, Wasser und Exkrement, erfinden gänzlich unerbeten die »Erlebniswelt Sanitär«, und schon lange staunen wir über das »Teppich-Universum«, den Perserteppich ad perversum.

Seit dem Frühjahr 2013 gibt es noch eine Zone mehr: die »Komfortzone«. Das klingt komfortabel und ist dennoch offenbar ungeliebt; vielleicht liegt es an den drei »o« in einem Wort, das aber bei weitem nicht so schön klingt wie der auf vier »o« laufende »Ottomotor«?

Oder daran, dass »Komfortzone« an Eltern oder Lehrer erinnert, vor denen man sich unter dem Sofa oder in der Turnhalle hinter dem Mattenwagen versteckte und die dann in scharfem Ton befahlen: »Komm ma' vor«?

Man weiß es nicht; medial bekannt wurde allerdings, dass die Tatort-Kommissarindarstellerin Maria Furtwängler erklärte, »ihre Komfortzone verlassen« zu wollen, um, wie das branchenüblich heißt, »neue Herausforderungen zu suchen«. Was, ins Deutsche übersetzt, ja meistens bedeutet, dass man in finanziell lukrativere Bequemzonen wechseln möchte und sich zu diesem Zweck öffentlich äußert und anbietet.

So verhält es sich auch mit dem Ex-Shampoo-Model Oliver Bierhoff, seit 2004 Angestellter beim Deutschen Fußball Bund, als – ideales Fitnesswort – »Teammanager« der Nationalmannschaft. Außerhalb des DFB ist weit mehr Fußballgeld zu holen, und so hielt es Bierhoff in seiner Komfortzone kaum mehr aus und wollte raus aus dem Komfort.

Sowas kommt vor in der Welt der Komfortzonen. Wir aber widmen uns lieber einer gefährlichen, reizenden Amazone.

Im »freilich«-Museum

Man kennt das Freilichttheater und die Freiluftsaison, und man kennt, wenn man seine Nase in eine deutsche Zeitung steckt, auch das deutsche Wort »freilich«. Es klingt so feierlich, wie es von Leitartiklern verwendet wird, von jenen Leuten, die immer schon alles gewusst haben, und zwar nicht nur genau richtig, sondern vor allem immer auch alles besser, und die das jahrzehntelang aus dem Repertoire erzählen können.

Das Wort »freilich« bedeutet nichts; es dient allein der Selbstversicherung des Autors, der, wenn er das Wort »freilich« schon zweimal in ein und demselben Text verwendet hat, auf die ähnlich gut abgehangene Vokabel »gewiss« zurückgreifen kann. Wer ahnungs- oder skrupellos »freilich« schreibt, ist eben auch Gewissträger, dessen Horizont mit einem schönen Reklamereim beschrieben ist: »Wer es kennt, nimmt Kukident.«

In einem Anflug von Übermut versuchte ich einmal, das Wort »freilich« in einen eigenen Text hineinzuschmuggeln. Es gelang mir nicht, diese Hürde der Hässlichkeit zu überspringen. Jahre später begriff ich: Erst wenn man sich mit der einen Hand die Eier krault, sich mit der anderen abwechselnd auf die Schultern klopft und zum Schreiben keine Hand mehr frei hat, erscheint im Text wie von ganz allein das Wort »freilich«. Dann aber ganz gewiss.

Gefühlte Zeiten

Man habe ihn »aus gefühlten zehn Zentimetern angeschossen«, beteuerte ein Fußballspieler, dem ein Ball aus einem Meter Entfernung gegen den Ellenbogen flog; einem seiner Kollegen wurde von einem Journalisten später sogar eine »gefühlte Unsportlichkeit« unterstellt. Dass manche unbeglückte Frau von »gefühlten zehn Zentimetern« ein traurig' Lied zu singen weiß, liegt bedauerlicherweise im Bereich des Wahrscheinlichen; was aber soll eine »gefühlte Unsportlichkeit« sein, wenn nicht das unfreiwillige Eingeständnis eines Journalisten, dass er ein Rhabarbermann ist, ein Schwätzer, der bloß der ältesten Regel seines Berufs folgt: Man weiß es nicht, man munkelt's nur.

Gefühlt wird egalweg alles; Rezensenten beschweren sich über die »gefühlte Ewigkeit«, die sie über der Lektüre eines Romans zubrachten; das sagt möglicherweise etwas über den Rezensenten, aber auch bloß dann, wenn man ihn kennte, und wer kennt schon freiwillig Rezensenten? Temperaturen werden seit vielen Jahren ohnehin nicht mehr gemessen, sondern gefühlt, und Theateraufführungen dauern, wenn man denen, die darüber schreiben, Glauben schenken will, im Schnitt »gefühlte fünf Stunden«. Gefühlt heißt in solchen Fällen aber nicht erlebt und empfunden, sondern bloß, dass man nichts zu sagen weiß, nicht mal das Einfachste.

In der gefühlten Welt wusste die *FAZ* sogar von einer »gefühlten Rückkehr in den alten, ungemütlichen Ostblock« zu raunen. Ob bei solch gefühlter Rückkehr unsere Heimatvertriebenen noch mal so richtig aus dem Sulky kommen? Von mir aus, höre ich mich grollen, sollen sie doch alle fühlen, was sie wollen, und sich dann bitte trollen und abrollen, nur hätte man ja manchmal auch noch gern so etwas wie eine klitzekleine Information. Dauert der neue Film mit Gérard Départdieu tatsächlich länger als vier Stunden, oder hat bloß jemand 100 Minuten ganz schwer und wichtig öffentlich verzweieinhalbfacht, um seinen – übrigens längst ausgelatschten – Markenabdruck als gefühlter Feuilletonist zu hinterlassen? Wer Auskunft über die von ihm »gefühlte Zeit« gibt, fühlt dabei zwar den Coolness-Faktor tausend, der aber nur dem eines lausigen »Wie geil ist das denn!«-Sagers entspricht.

Dass man im Restaurant bislang noch keine gefühlten Auberginen bestellen kann, trifft unsere Gefühlskulturmenschen sicherlich hart. Wenn sie aber einmal eine Auskunft über die Länge einer Veranstaltung geben und nicht nur ihre höchst uninteressante Befindlichkeit auspetern wollten, hätte ich einen kleinen Rat parat: Einfach am Anfang und am Ende auf die Uhr schauen. Das geht so leicht, das schafft sogar ein Journalist, und bei der Wahrheitsfindung hilft es ungemein.

Länge und Gewicht

Aus London bekam ich eine Ansichtskarte geschickt; auf der Briefmarke stand »Europe up to 20 g«. Das passte gut zu den Olympischen Spielen, die dort gerade stattfanden, klang es doch nach einer Wettkampf-Gewichtsklasse, in der maximal 20 Gramm auf die Waage gebracht werden dürfen, also nach einer erfreulich filigranen und vor allem sehr leisen Angelegenheit.

Die Olympischen Spiele sind vorbei, das ist für Radiohörer und Zeitungsleser angenehm. Fernsehn ist ohnehin längst geknickt, weil man vom Anblick der Fahnenschwenker Augenstechen und vom »Gold!«-Rauschgebrüll Ohrenthrombose bekommt. Kommentatoren, die sich vor dem Medaillenspiegel drehen und kucken, ob dort etwas Nationales herausscheint, in dem sie sich sonnen können, sind in den Pausenmodus versetzt, und wer seine Lebenszeit der Frage widmet, ob »Deutschland in der Weltspitze noch eine Rolle spielt«, kann damit wenigstens eine Zeitlang nur sich selbst und seinesgleichen zu Tode jabbeln.

»Weltspitze« ist überhaupt eine prima Wahnvorstellung; man sieht direkt, wie die Welt zu der Nadel verengt wird, an der sie hängen soll. Es geht um »Höchstleistungen« im »Spitzensport«, also quasi um die »Top-Welt« der »Wetten dass«-Saalwette: Wo der Hammer hängt, ist egal, es zählt allein, wer ihn am weitesten von sich werfen kann. Es ist aber nicht »die Spitze des Eisbergs«, an der Ramsch aller Art zerschellt; es ist der Eisberg.

Auch der kreisrunde Diskus, auf die Weltspitze getrieben, führt zu rhetorischen Spitzenleistungen. »9 Zentimeter sind 9

Zentimeter«, schrieb die *taz* nach dem Olympiasieg des deutschen Diskuswerfers Robert Harting. Wer wollte dieser kühnen Hypothese widersprechen: »9 Zentimeter sind 9 Zentimeter«? Der Autor vertiefte seine kritische Theorie: »Lumpige 9 Zentimeter ... 9 Zentimeter vor dem Zweiten, das ist nicht einmal das Maß eines mittleren Schw... Mit anderen Worten: Size does matter!«, erregte sich der Längenmaßexperte Jan Feddersen, ließ mit der klemmigen Abkürzung »Schw...« aber offen, ob er auf das Mittelmaß eines Schwammkopfes oder Schwadroneurs anspielen wollte. Oder sollte er – huch! – tatsächlich einen Schwanz gemeint haben, den er aber nicht in den Mund nehmen wollte, jedenfalls nicht vor seinen Lesern?

So wie es Blitzmädels gab, gibt es Blitzmedien. Manche, um bei Längenmaßen zu bleiben, liegen »nur einen Steinwurf weit« von *Bild* entfernt.

Präterium

I.

Das Präteritum gefiel mir schon immer besser, als das Perfekt mir je gefallen hat. Zwar kann man sagen: »Ich habe einen Apfel gegessen, einen Kuchen gebacken und ein Steak gebraten«, aber »Ich aß einen Apfel, ich buk einen Kuchen und briet ein Steak« ist kürzer, dichter und bündiger, und schöner sowieso.

Ich traf eine alte Freundin. Wir tranken etwas Brause, plauderten, tranken noch etwas Brause, plauderten und tranken noch etwas Brause. Ihre Augen schimmerten, und ihre Aussprache geriet ein ganz klein wenig auf die Achterbahn, als sie sagte: »Ich habe oft an dich gedacht.« Das rührte mich, ich sah sie an und antwortete: »Danke. Könntest du das nur für mich auch im Präteritum sagen?«

Sie sah mich leicht verwirrt an. »Wie? Präterium?« Ihr Blick verdunkelte sich. »Merkt man das schon, dass ich im Präterium bin?«

Präterium gefiel mir sehr, ich bestellte augenblicklich mehr Brause und gratulierte ihr. Sie hatte der deutschen Sprache eine neue Zeitform geschenkt, das Klimakteritum.

II.

Präterium, Präterium«, sagte meine alte Freundin, stieß mit mir an, nahm einen Schluck Brause und lächelte mich honigsüß an. »Du willst doch nicht etwa irgendwelche Sauereien von mir?«

Ich verneinte das entschieden, kam aber ins Nachdenken. So hatte ich die Sache noch gar nicht betrachtet.

»Ich möchte darüber reden.«
»Ich nicht.«
Die Sprache der Paare

Paartherapie, denkt er, auf gar keinen Fall eine Paartherapie. Das klingt nicht nur nach teeren und federn, es ist auch das Ende vor dem Ende, verbrannte Erde, die letzte Station vor der Trennung. Ein Paar, das in die Paartherapie geht, ist als Paar schon tot. Da haut man sich nur noch die Reste um die Ohren und sagt vor Zeugen Dinge, die man sich unter vier Augen aus Gründen nicht traut oder antut.

Was für ein schäbiger Beruf, Paartherapeut, denkt er, von der Hilflosigkeit und Verzweiflung anderer zu leben im Wissen, dass nach der Paartherapie nur noch der Exitus kommt. Natürlich sind Paartherapeuten so wenig schuld wie sonst einer, aber das Verhalten ist einfach parasitär. Bevor man denen Geld in den Rachen wirft, kann man auch alleine untergehen, oder?

»Also ja oder nein: Hast du mit ihr geschlafen oder nicht?«

Ihre Stimme reißt ihn aus dem Abschweif seiner Gedanken. Sie ist angespannt und müde und auch ein bisschen gereizt; kein Wunder, sie ist ja auch schon seit gut einer Stunde in Dauergebrauch.

»Ah ja, die gute, alte spanische Inquisition. Das kannst du wirklich gut«, antwortet er. Sein Ton ist gespielt amüsiert, leicht despektierlich und die reine Abwehr.

»Lass doch bitte diese billige Ironie weg!«, sagt sie scharf.

»Ironie ist nicht billig. Sie ist ein Indiz für Zivilisation.« Er fühlt sich gleich etwas besser, als er das sagt, auf sicherem Terrain.

»Ach, dann bin ich also unzivilisiert? Das ist doch unfassbar! Du gehst fremd und ich bin unzivilisiert!«

»Wenn du schon alles weißt, musst du mich ja nicht mehr ausquetschen«, gibt er leichthin zurück. Wenn er es damit doch schon ausgestanden hätte! Selbstverständlich hat er das nicht, auch das ist keine Überraschung.

»Warum verstehst du mich denn nicht? Ich muss das einfach wissen? Wie soll ich dir vertrauen, wenn du nicht offen zu mir bist?«

Wer offen ist, ist nicht ganz dicht, zuckt es ihm reflexhaft durch den Kopf; er sagt es aber nicht. Wie erst sollte sie ihm vertrauen, wenn er offen wäre?, denkt er. Wenn er ihr alles erzählte? Das kommt nicht in Frage. Sein ältester Freund fällt ihm ein, der ihm immer geraten hat, alles abzustreiten. »Und wenn sie dich in flagranti erwischt: Streite es ab!« Er lächelt versonnen.

»Warum grinst du denn jetzt so blöd? Ich bitte dich um eine ehrliche Antwort, und dir fällt nichts ein als zu grinsen!«

Ihre Stimme ist ehrlich empört, also eben auch laut und ziemlich schrill.

»Lass doch bitte diesen Ruf!-Mich!!-An!!!-Tonfall weg. Ich kann das nicht aushalten!«, sagt er. Es klingt gequält, aber auch nach rhetorischer Routine.

Es kommt ihm vor, als würden sie schon den halben Tag reden. Pärchen-Pingpong, denkt er, wie grauenhaft. Sie würde sagen: »Gefühlte Zeit: fünf Stunden«, und immer, wenn er »gefühlte Zeit« hört, vergeht ihm alles. Was für eine ausgeleierte Phrase, die sich auch noch witzig vorkommt oder originell: Gefühlte Zeit, bah! Ich kann ihr nicht mehr zuhören, denkt er. Ich kann diese Wörter nicht mehr hören und auch nicht mehr diese Stimme, und beides zusammen schon gar nicht mehr. Das war das Schrecklichste an solchen Gesprächen: Irgendwann redeten alle nur noch Krautsalat, und das galt nicht nur für Deutsche.

»Das ist wirklich das Letzte. Mich hier auch noch als Domina hinzustellen! Du bist widerlich!« Sie greift jetzt ganz offen an, alle Geplänkel sind vorbei, die Feldschlacht ist eröffnet. Sie zündet sich eine Zigarette an.

O je, Kampfrauchen; jetzt wird es ganz bitter, denkt er und spottet: »Aaah, die Zigarette davor! Immer schön das Ritual einhalten!«

»Du bist sowas von gemein!« Sie raucht hastig, fast selbstverachtend, mit Genuss hat das nichts zu tun.

Er sieht sie an. Sie ist schön, denkt er und fühlt sich auf einmal richtig mies. Sie hat ja recht, es ist nicht in Ordnung. Sie hat den richtigen Riecher, und ich mache ihr vor, dass sie danebenliegt. Aber sagen kann ich es ihr trotzdem nicht. Auf gar keinen Fall.

»Süße, das hat doch alles keinen Zweck«, sagt er einlenkend. »Wir zerfleischen uns und versauen uns doch nur den Tag. Lass uns was Schönes machen, essen gehen oder kochen oder ins Kino oder was du willst. Von der Streiterei wird doch nichts besser.«

»Nein. Dein ewiges Beschwatzen und Beschwichtigen kannst du diesmal vergessen.« Sie bleibt dabei: »Ich will es wissen. Und ich muss es wissen.«

Also gut, dann geht es weiter, denkt er resignierend, rafft sich aber zusammen und strahlt sie übertrieben an. »Und es steigert noch die Lust, wenn man immer sagt: du musst.«

Mit diesem Lieblingszitat von Wilhelm Busch kehrt er in den Ring zurück. Sie will den Krieg, ich nicht, denkt er. Ich will einfach tun und lassen, was ich will, und ich will nicht darüber reden müssen. Ist das denn wirklich zu viel verlangt?

»Du bist so anders seit damals. Erzähl mir doch einfach, was da war. Wir müssen uns doch vertrauen können.« Sie bemüht sich um einen anderen Ton, einen, der Verständnis anbieten soll.

Vertrauen? Er ist augenblicklich auf der Hut. Wenn ich dir die Wahrheit sage, denkt er, wirst du mir nie mehr vertrauen, also kann ich es auch sein lassen, wo ist der Unterschied?

Er denkt an die andere Frau, die Frau, mit der er die aufregendste Affäre seines Lebens hatte. Es war so lustig gewesen mit ihr, eine Wonne, ein Vergnügen, alles war leicht, heiter, hinreißend, sie hatten sich in schönen Hotels getroffen, kleine Ausflüge unternommen, in den besten Restaurants gegessen, sie hatten sich von morgens bis nachts begehrt, der Sex war ein Rausch, eine große Woge der Verliebtheit hatte ihn mitgerissen, monatelang war das so gegangen, wann immer er Zeit gefunden hatte, sich loszueisen, bis sie, die andere Frau, ihn eines Morgens im Bett gefragt hatte, wann er sich denn entscheiden wolle.

Es war wie ein Hieb in den Magen gewesen, und er hatte gewusst: Der Spaß ist vorbei. Das Ningeln und Quengeln begann: Was denn jetzt wäre und wann er sich denn trennen wolle. Er wollte sich nicht trennen! Warum sollte er sich entscheiden? Es war großartig, beides zu haben, ein Zuhause und ein Abenteuer, man müsste doch verrückt oder masochistisch sein, um das aufzugeben. Das hatte er selbstverständlich nicht so gesagt, sondern vorgeschlagen, es bei den Freuden zu belassen.

Sie hatten sich noch ein paar Mal getroffen, aber die Wonnen waren dürrer geworden und das Quälreden mehr. Irgendwann hatte die Frau vom Heiraten angefangen, von einem neuen Leben zu zweit, und ihm war ganz blümerant geworden. Und dann, als sie begriff, dass es nichts wurde mit ihrem Plan, weil er niemals einwilligen würde, hatte sie die Sache sehr kühl und zügig beendet und all seine Versuche, sie wiederzusehen, unmissverständlich abgeschmettert.

So sind Frauen wohl gestrickt: Sie wollen dich, nur dich, ganz, mit Haut und Haaren. Ist das denn nicht das größte und umwerfendste Kompliment, das es gibt, dachte er. Ja, schon, einerseits; nur dass er eben nicht gefressen werden wollte, von niemandem, von keiner Frau auf der Welt, egal, wie schön, klug, charmant und aufregend sie auch wäre. Gefressenwerden kam nicht in Frage, Punkt.

Und das sollte er jetzt erzählen? Wozu sollte das gut sein? Er würde sich zur Nuss machen, und sie würde sich fühlen wie eine Notlösung, wie zweite Wahl. Obwohl das nicht stimmte. Sie war seine erste Wahl, nur eben nicht seine einzige. Er war nicht monogam begabt, aber wer war das schon? Die meisten monogamen Männer, die er kannte, waren das nicht aus Mangel an Lust, aber sie wollten zuhause ihre Ruhe haben. Das grenzte doch geradezu an Appeasement! Aber laut sagen sollte man das besser nicht, sonst war der Drops gelutscht, der Käse gegessen und die Messe gelesen.

Er schweigt.

Auch sie ist zu erschöpft, um noch weiterzuwüten. »Warum bist du nicht ehrlich zu mir?«, fragt sie traurig.

Weil ich nicht kann. Und weil ich nicht will, denkt er. Bei Ehrlichkeit fällt ihm das »Sei du ja ehrlich!« ein, das er als Kind hörte. »Ehrlich hat auch schon mal ein Brot gestohlen«, sagt er; das ist ziemlich lahm, er weiß es, ihm fällt nichts mehr ein, er fühlt sich bleiern und leer zugleich. Solange man noch Schmerz fühlt, ist man noch nicht tot, denkt er, aber sicher ist er sich nicht.

»Was haben wir eigentlich für eine Beziehung?«, fragt sie leise.

»Bitte keine Beziehung! Ich ertrage schon das Wort nicht. Wie soll man denn glücklich sein und leidenschaftlich, wenn man eine Beziehung hat? Beziehung, wie das schon klingt! Das ist das böse Wort mit B! Sprechen wir hier eigentlich überhaupt noch von Liebe?«

Das ist tatsächlich keine Ausflucht, er versteckt sich nicht bloß hinter diesen Wörtern, es ist ihm ernst damit, sie weiß das. Seine Beziehungsallergie ist nicht gespielt, die ist wirklich echt.

»Ja, reden wir über Liebe. Liebst du mich noch?«

Sie hat wirklich Mut, denkt er. Er sieht sie an und sagt »Ja.«

Er will sie in den Arm nehmen, sie an sich ziehen, sie küssen, endlich nicht mehr reden, nur noch verschwimmen in einem einzigen großen Kuss.

»Der Mund ist nicht nur zum Sprechen da«, sagt er, aber er hat sich verschätzt.

»Es gibt so viele unterschiedliche Arten von Feigheit, wie es Männer gibt«, sagt sie, und der Vorwurf trifft ihn hart.

»Ich bin nicht feige«, gibt er sofort trotzig zurück.

»Dann nenn es von mir aus unverbindlich und unerwachsen. Also was war jetzt mit dieser Frau?«

»Ich möchte nicht darüber reden. Es gibt nichts zu reden. Das ist doch alles nur Selbstquälerei. Und wenn man sich liebt, dann quält man sich doch nicht.« Er fühlt sich wie nach einem Zehntausendmeterlauf mit einem Rucksack voller Steine auf dem Buckel. Er ist so durch, dass ihm beinahe alles egal ist. »Du bist nicht zufällig Felix Magath?«, fragt er.

Sie sieht ihn mit offenem Mund an. »Es ist nicht zu fassen! Wie kannst du uns auf diese Ebene ziehen und mich mit einem durchgeknallten Fußballtrainer vergleichen? Nimmst du mich jemals ernst? Nimmst du überhaupt ir-gend-et-was im Leben ernst?«

»Nicht, wenn es sich vermeiden lässt«, kontert er. Wenn er so spricht, aphoristisch, zugespitzt, gewitzt, geht es ihm gleich besser. Wie sollte man das Leben anders aushalten, als wenn man es sich als Komödie einrichtet? Ganz langsam sieht er wieder Land; vielleicht gibt sie auf, und es geht doch noch gut aus. »Wollen wir nicht ein paar Tage wegfahren?«, fragt er. »Es gibt so schöne Plätze, die nur uns gehören.«

»Weil du mit ihr nicht dort hingefahren bist?«, gibt sie wie angeschossen zurück.

»Willst du mir jetzt vorhalten, dass ich nicht geschmacklos bin?«, fragt er retour und fühlt sich nicht schlecht.

»Es ist alles vergiftet«, sagt sie. »Wenn du das Gift nicht fortschaffst, bringt es uns um. Vielleicht hat es das ja schon längst getan.«

»Lass uns nicht melodramatisch werden.« Er lächelt vertraulich; ein leichtes Gefühl von Oberwasser nimmt in ihm Gestalt an. Er könnte es mit einem Kuss versuchen, aber vielleicht ist es noch zu früh?

»Ich glaube, du weißt einfach nicht, was Liebe ist«, sagt sie. »Du liebst niemanden, und du hast auch diese andere Frau nicht geliebt.«

»Na, das ist doch eine gute Nachricht. Wenn ich niemanden liebe, musst du auch auf niemanden eifersüchtig sein!« Er ist ganz munter jetzt, während sie in sich zusammenzufallen scheint wie ein morscher Kahn. Liebe ist Krieg, denkt er, und im Krieg kommt es auf gewonnene Schlachten an.

Er nimmt sie in den Arm und küsst sie, streichelt ihr Gesicht, hebt sie hoch und trägt sie zum Bett.

Eine Tür öffnet sich, eine Frau und ein Mann betreten das Zimmer. Beide applaudieren lächelnd. »Das war doch wirklich richtig gut«, sagt die Frau mit demonstrativer Begeisterung. »Die

Rechnung für die Supervision schicken wir per mail«, ergänzt ihr Begleiter, und dann verschwinden die beiden.

Er hält seine Frau in den Armen, die ihm schwer werden und zu schmerzen beginnen. Er sieht sie an, ihr Lächeln ist reiner Triumph.

»Du zahlst«, sagt sie.

À la Putain

Putain!«, stößt die schöne Schauspielerin durch die Zähne, »Putain!«, flucht auch der Weinhändler, denn beide sind des Französischen mächtig. »Putain« ist französisch und wird niemals ohne Ausrufungszeichen gesprochen: »Putain!« Es bedeutet »Schlampe!«, »Hure!«, »Flittchen!«, aber nichts davon meinen die Schauspielerin oder der Weinhändler, denn »Putain!« heißt auch schlicht »verdammt!«, »verflucht!« oder »verfickt!«, was man eben so sagt, wenn einem etwas herausrutscht.

»Putain!« klingt weniger abgemeiert als das ewige banale »Fuck!«, von jedem hilflosen und plumpen deutsch-analen Fluchversuch ganz zu schweigen. »Putain!« ist prima, das nehmen, hören und sagen wir gern, und es ist daran zudem ja auch angenehm, wenn nicht jeder gleich mitbekommt, dass man überhaupt flucht. Man hat eben nur ein französisches Wort gesagt: »Putain!«

Besonders schön ist, dass man »Putain!« durchaus noch steigern kann, zu »Putain de merde!«, oder, deutlich heftiger und deftiger, zu »Putain de merde au cul!«, wo dann alles zusammenfindet: Hure, Scheiß und Arsch, oder, wie Ringelnatz schrieb: »The whole life is vive la merde.« Dagegen lässt sich nicht argumentieren, das ist eine Sache der Stimmung, in der das Instrument niemals schief klingen darf, nur tief. Und so gibt es wenig Friedlicheres, als der schönen Schauspielerin und dem Weinhändler bei frühlingshaften Temperaturen und einem schönen Getränk dabei zuzuhören, wie sie lebhaft miteinander sprechen, friedlich, freundlich und kultiviert, eben ganz à la Putain de merde au cul.

Wahl der Waffen

Wenn man die Arbeit des Schauspielers Gérard Depardieu schätzt und sich, beispielweise, noch einmal Alain Corneaus Kriminalfilm »Le choix des Armes« (deutsch: »Wahl der Waffen«) aus dem Jahr 1981 ansieht, in dem Depardieu gemeinsam mit Catherine Deneuve und Yves Montand vor der Kamera stand, kann man sich am Instinkt, an der Präsenz und der Präzision dieses Schauspielerkönigs erfreuen.

Mehr muss ich über Depardieu nicht wissen, ich kenne ihn ja auch gar nicht persönlich. Der Informationswert von Fotos, die Depardieu in einen russischen Folklorekittel eingezwängt und mit feudalistischen Herrschern um die Wette lächelnd zeigen, ist von äußerster Geringheit; hier toben sich wohl eher die Minderwertigkeitsgefühle von Leuten aus, die sich Journalisten nennen können, weil sich jeder so bezeichnen kann, der glotzen, auf einen Knopf drücken und telefonieren kann.

Als Höchststrafe darf gelten, von *Bild*, dem führenden Organ des mobilen Blockwartwesens, angeduzt zu werden. Der geheuchelte Stoßseufzer »Ach Gérard, in welche Gesellschaft bist du nur geraten!«, den ›Bild‹ von sich gab, steigert das Bedauern über den kulturellen Verlust, den das Verbot, sich zu duellieren, nach sich zog und zieht. Wer vom Fachblatt für gute Gesellschaft, das beispielsweise stolz »Sachsens erstes Nacktrodeln« präsentiert, beim Vornamen und »du« genannt wird, dem sollte die Wahl der Waffen zustehen.

Vive la Trance!
Zum »Welthypnosetag« am 4. Januar

Jeder Tag hat seine Bürde, und das sogar ganz offiziell. Jahrhundertelang spendeten katholische Heilige den Tagen ihre Namen; sie wurden durch profanere Titel- und Losungsgeber ersetzt. Der 19. November beispielsweise wurde 2001 zum »Welttoilettentag« erklärt; wie wird sich jemand fühlen, der seinen Geburtstag seitdem als »Welttoilettentag« feiern darf? Solche Fragen lassen die Lobbyisten aller Couleur allerdings kalt; die Interessensdurchdrücker wühlen und prokeln so lange, bis ihre Auftraggeber es zu einem eigenen Tag im Jahreskalender gebracht haben, der ihnen zu entsprechender Aufmerksamkeit verhelfen soll.

Auch die Hypnotiseure aller Länder haben es geschafft. Der 4. Januar ist Welthypnosetag, und das ist eine schöne Gelegenheit, Dinge zu tun, die man bisher noch nicht wagte: Mit starrem Blick ein Juweliergeschäft betreten, wortlos alles Geschmeide an sich raken und den Laden mit dem gleichen starren Blick verlassen? Kein Problem, wenn man hypnotisiert ist. Sollte man später von Kriminalbeamten drangsaliert werden, verweist man einfach auf die einschlägige Literatur: Die Abenteuer von Micky Maus und Donald Duck zeigen bildreich, wie grundgute Charaktere unter Einfluss von Hypnose zu willenlosen Werkzeugen anderer werden. Den Schmuck gibt man am nächsten Tag einfach zurück, und sowohl der Juwelier als auch der ermittelnde Kommissar Hunter werden sich verständnisvoll zeigen.

Hypnotiseure regen nicht nur kriminelle Phantasien an,

sondern tun auch ganz normale und vergleichsweise langweilige Dinge. Wer nicht mehr rauchen möchte, aber nicht weiß, wie man das bleiben lässt, wendet sich nicht selten an einen Hypnotiseur, der auch die sich ans Nichtrauchen anschließende Gewichtszunahme hypnotisch behandelt, bis der Patient nichtrauchend schlank ist, seine Laster auf andere Felder verlagert und Juwelendieb wird; die Schore teilt er sich später mit seinem Hypnotiseur, und sollte er einmal erwischt werden, kann er sich einfach an nichts erinnern.

Ich wurde, soweit ich weiß, noch niemals hypnotisiert, habe aber der Welt zu einer Hypnotiseurin verholfen. Vor einigen Jahren legte ich, um endlich einmal auf den berühmten grünen Zweig zu kommen, eine Kalauerkasse an, in die ich für jeden Kalauer drei Euro einzahlte. Ich kalauerte hemmungslos, und in erstaunlich kurzer Zeit kam eine erfreuliche Summe zusammen.

Um mich nun nicht, für den Fall, dass ich in die Fänge eines Hypnotiseurs geriete, selbst auszurauben und um die Früchte meines Kalauerwerks zu bringen, vertraute ich meine prall gefüllte Kalauerkasse einer mir näher bekannten Darrme an. Als ich diese nach einer längeren Reise aufsuchen wollte, war sie mitsamt der Kasse verschwunden. Nachforschungen ergaben, dass sie den Betrag in eine Ausbildung zur Hypnotiseurin investiert hatte und mittlerweile erfolgreich in der Juwelenbranche tätig sein soll.

Um doch noch mein Glück zu machen, eröffnete ich rasch ein neues Kalauerkonto. Das Kennwort ist Hypnotenuse; das heißt auf deutsch: Vive la Trance!

Verleser

Auf dem Nachhauseweg werfe ich einen Blick ins Schaufenster des DVD- und Videoverleihs und lese auf einem Plakat den Filmtitel »Three Men in a Goat«. Jungejunge, denke ich, die Sodomiefraktion geht aber auch immer härter ran, lese nochmals, und dann sind es doch nicht drei Männer in einer Ziege, sondern nur in einem Boot, und ich fühle mich, obwohl ich nicht weiß warum, auf einmal seltsam erleichtert.

Erdbeererregung im Christstollen

Eins meiner Lieblingswörter ist Erdbeererregung. Im harten Finish der 15 Buchstaben um Platz eins hat das e gegen das r mit 5:4 ganz knapp die Nase vorn; für die zwei g gibt es einen Trostpreis, während d, b, u und n sich den letzten Platz teilen dürfen. Die anderen Buchstaben des Alphabets kommen in Erdbeererregung nicht einmal vor; selbst schuld, diese Versager!

Dabei ist die Erdbeererregung in aller Munde, und das sogar wörtlich, denn manches Berliner Kind erbrach die Erdbeere, die man ihm im Herbst 2012 servierte. Beim Erdbeerenerbrechen steht es bei insgesamt 18 Buchstaben zwischen e und r sogar 7:4, das ist sensationell und muss gewürdigt werden. Doch der Journalismus, diese Missgeburt aus Analphabetismus und Niedertracht, brüllt stattdessen: »Skandal!«

Groß ist das Geschrei darüber, dass chinesische Erdbeeren an deutsche Menschen verfüttert wurden, und das im Herbst! Diejenigen Deutschen, deren Lieblingsdisziplin neben dem Schnäppchenjagen das Gratisausstrecken des moralischen Zeigefingers ist und deren permanente Empörung darauf fußt, dass sie das Denken längst an andere delegierten, haben mal wieder etwas zu jaulen und zu maulen.

Wenn im Oktober der Herbst gerade mal zwei bis drei Wochen alt ist, feiern viele Deutsche schon Weihnachten. Nahezu überall werden Weihnachtsgeschenke angeboten, die man kaufen soll. Man kann es auch lassen, es geht ganz einfach. Aber offenbar gibt es einen inneren Zwang; wenn die Erdbeere verspielt hat, ist der Weihnachtsstollen an der Reihe, der Christstollen. Den muss man ebenfalls ganzjährig essen können, sonst käme man ja um.

Aus Gründen der religiösen Toleranz werden aber auch Dresdner Mohammedstollen hergestellt; das ist eine schöne Aufgabe für die beiden Künstlersimulanten Uwe Tellkamp und Jan Josef Liefers, die sich wechselseitig als Zitronat und Orangeat feinhacken; die grünen Plocken im Stollen sind aus der tiefgekühlten Afghanistan-Uniform von Til Schweiger geschnitzt.

Auch Judasstollen sind im Angebot; Verräter sind schließlich auch Menschen und dürfen nicht länger ausgegrenzt werden. Oder wird da etwa das Blut von deutschen Kindern, die chinesische Foltererdbeeren essen mussten, in die Matze gebacken? Und wurden diese Erdbeeren nicht in Palästina angebaut und dann arglosen Deutschen, die beim Juden nichts kaufen wollen, auf dem Umweg über China angedreht? Ist nicht allen alles zuzutrauen, vor allem denen da?

Wird schon so was sein. Aber das Erbrechenserdbeerenandrehensverbrechen ist eben nicht nur ganz schlimmschlimmschlimm für die armen, immer wieder betrogenen Deutschen, sondern eben auch ein Wort, in dem e gegen r mit 12:7 gewinnt.

Fanfollowers in Leipzig

Am 4. Juni 2012 teilte die Universität Leipzig ihren »lieben Mitarbeiterinnen und Mitarbeitern« mit, dass sie eine »Social-Media-Offensive« starte und ab sofort »auf mehreren Social-Media-Plattformen präsent« sei, »auf Facebook, Twitter, XING und YouTube«. Zukünftig wolle »die Alma Mater verstärkt über diese Kanäle kommunizieren«, und so feuerte die Leitung der Uni Leipzig ihre Angestellten an: »Sind Sie dabei? Wir sind dabei!« Vom Dabeisein zum Dabeiseiern ist es nur ein kleiner Schritt. Wie sagt es schon ein altes Lied: Und dann sind sie alle wieder dabei, in der Partei, in der Partei ... Hauptsache zusammen, wobei spielt keine Rolle.

Die Restwürde des Menschen ist antastbar: »Werden Sie Fan der Universität Leipzig auf Facebook oder Follower des offiziellen Twitter-Kanals«, hieß es in dem Schreiben weiter; der imperative Werbesprech wäre schon Kündigungsgrund genug. Auch die Begründung dafür, sich zum »Fan« und »Follower« degradieren zu sollen, zum Rumjubler und zum Anschlussmitläufer, ist von ähnlicher Qualität: »Wir brauchen Ihre Unterstützung, denn die Konkurrenz ist groß – die HTWK (Hochschule für Technik, Wirtschaft und Kultur) Leipzig hat annähernd 2.000 Facebook-Fans und die TU Dresden sogar fast 6.000.«

Schon klar, da muss man hinterher als Universität. Die akademische Ausbildung in der digitalen Steinzeit gewinnt an Matschkontur: Be Fan and follow. Mediale – und damit universelle – Konsumfähigkeit wird perfektioniert, bevor man Fans und Followers auf den Sklavenmarkt entlässt, auf dem sie dann akzentfrei »gefällt mir« sagen können. Dass genau dafür das DIN-A-Normierungswort »Anforderungsprofil« in die Welt gegüllt wurde, ahnte der ehemalige Leipziger Student Gottfried Wilhelm Leibniz noch nicht, aber die geschlechtsneutralen »Studierenden« der chipsfrischen Freddy-Bahlsen-Universität wissen es umso besser und ehren als Fans ihre Uni mit einem Lied: »For he's a jolly good Follow...«

Dicker Brocken Welt am Draht

Journalismus ist nicht distanzierte Betrachtung der Welt, ihrer Bewohner und ihrer Gegenstände, sondern Ranschmeiße ans Publikum und praktiziertes Helfersyndrom für schwankende Politiker. Journalismus stellt Politik nicht in Frage, er berät vielmehr, macht Vorschläge und beteiligt sich. Politik und Medien verkleben in Sache und Rhetorik zu einem nicht mehr in seine einzelnen Bestandteile zerlegbaren Ganzen. Man kann auch Brei dazu sagen.

Um wenigstens den Tonfall von Distanz und den Anschein von demokratischer Gepflogenheit zu wahren, ersannen Radiomacher die Beteiligung von Hörern, denen man Redezeit einräumt für das – pa-damm! – freie und offene Wort. Das sich dann so anhört: »Griechenland ist nicht nur der Klotz am Bein, sondern auch das Damoklesschwert, das über dem Euro schwebt.«

So spricht ein Hörer auf NDR Info in reinem Journalistisch. Ein Klotz am Bein, der schwebt: die Metaphorik des deutschen Leitartikels ist perfekt getroffen. Quo vadis, Eurozone? Den Hades hinab und über den Rubikon, in der Hand das Schwert des Damokles? Vom Zeichner Rattelschneck aber weiß die Welt, dass diese drohende Waffe »Damenkloschwert« heißt.

Aus der Radiodamentoilette quengelt und quäkt die Stimme einer Hörerin. »Deutschland und Europa hätten Vorreiter sein müssen beim Umweltgipfel«, schnappt sie und drückt auf Tube und Stimmband. Es ist Claudia Roth, die gerade ein Interview gibt, das kess nach Schülermitverwaltung klingt. Sind jetzt also wieder die Profis zugange im Äther?

Gibt es im Radio eigentlich noch Radio? Richtiges Radio? Auf der Suche danach an der Sendereinstellung des Radios herumdrehend, höre ich eine Stimme sagen: »Radio Brocken – Nachrichten aus Sachsen-Anhalt und der Welt«. Sachsen-Anhalt und die Welt, das ist die Rang-, Erb- und Reihenfolge: Erst kommt die Scholle, dann kommt der schäbige Rest. Die Welt mag es geben, irgendwo da draußen, aber über ihr schwebt, als Damenkloschwert, der dicke Brocken Sachsen-Anhalt.

Spinnen im Netz

Nicht jeder im Internet ist irrsinnig, aber jeder Irrsinnige ist garantiert im Internet. Faszinierend, was man alles von zuhause aus machen kann! 6000 Schuss Munition bestellen zum Beispiel; es ist immer gut, etwas Vorrat im Haus zu haben, wer weiß, wofür man das noch brauchen kann.

Auch debattieren kann man im Netz, diskutieren, streiten, sogar exzessiv, mit anstänkern und so richtig die Sau rauslassen, und nie muss man jemandem real gegenübertreten und ihm etwas offen ins Gesicht sagen.

Nicht mal beim Flirten muss man sich in die Augen kucken, das geht dann auch viel leichter, ganz ohne schüchterne oder linkische Bewegungen oder Rotwerden, und das lästige Herzklopfen unterbleibt auch. Sinne braucht man schon noch, zum Glotzen und für die Gratismusik, und den Tastatursinn natürlich. Aber schmecken? Riechen? Muss man wissen, ob man sich riechen kann, um jemanden zu begehren?

Ach was; der altmodische Kram wird sehr überschätzt. Und während man alleine vor dem Rechner sitzt und vor sich hin verasozialt, ist man nicht nur mit der ganzen Welt verbunden, man ist sogar König der Welt. Gefühlt, also ganz wie in echt.

Fressenkladde

Immer, wenn jemand den Begriff »Facebook« erwähnt, fällt mir das Gedicht »Arschgesichterkonferenz« von Robert Gernhardt ein. Menschen aus Blödmannsk gab es ja immer schon; dass sie sich in sogenannten Netzwerken aufbauschen und dicketun, macht sie allerdings penetranter und aufdringlicher.

Depeschen von allergrößter Nichtigkeit werden massenhaft multipliziert; die Digitalier stammeln begeistert von »Information«. Was heißt »Facebook« auf deutsch? Fressenkladde? Glommsenglossar? Visagenbuch? Hutständerkalender? Oder eben doch Arschgesichterkonferenz?

Draußen nur Kännchen
Eine Erinnerung

Zu den Seltsamkeiten des Lebens gehört, dass man sogar Dinge vermissen kann, die man niemals mochte; zu diesen Dingen wiederum zählen die kleinen Plastikaufsteller auf Cafétischen, die jedem, der seinen Kaffee im Freien trinken wollte, mitteilten, dass es »Draußen nur Kännchen« gebe.

Diese Botschaft wurde gern mit einem herrischen Ausrufungszeichen versehen: »Draußen nur Kännchen!« Derart verblos angebellt, wagte kein Cafébesucher, bei der Servierin nur um eine einzelne Tasse Kaffee zu bitten, für die der weite Weg nach draußen einfach nicht lohnte. Wer dem Luxus eines Heißgetränks unter freiem Himmel frönen wollte, der hatte dafür gefälligst den doppelten Preis zu entrichten. Das draußen Kaffee trinkende Publikum, zum Kännchenverzehr genötigt und gezwungen, wurde vom Cafépersonal intern weiter degradiert und unter dem Titel »Kännchenterror« zusammengefasst.

Kännchen bestellen und sich dafür Kännchenterror nennen lassen müssen: So rüde waren die Zeiten des »Draußen nur Kännchen!« Und was für scheußlicher Kaffee serviert wurde! Säuerlich wie ältere Achselnässe roch er, bitter und brandig wie aufgekochte Schuheinlage war sein Geschmack. Nur eine Tasse davon war schon schwer in sich hineinzuzwängen, doch der »Draußen nur Kännchen!«-Sadismus nötigte den Kaffeetrinker, sich sogar die doppelte bis zweieinhalbfache Menge davon einzuverleiben. (Die Alternative, den teuer bezahlten Zwangskaffee einfach stehen zu lassen, kam nicht in Frage; nur nichts umkommen lassen, nichts dem Kellner, hieß die Devise in jenen vergangenen, sogar ernstjüngerhaft »verwehten« Zeiten.)

So präsent und derart fest in die rhetorische Folklore eingegangen war der deutsche »Draußen nur Kännchen!«-Imperativ, dass er unbedingt in das Lied »In 80 Phrasen um die Welt« gehörte: »Der Tod ist ein Meister aus Deutschland, und draußen gibt's nur Kännchen ...«.

Dann aber war wie über Nacht Schluss; die Filialen der Kaffeeketten schossen wie Giftpilze aus dem Boden. Dort wird seitdem ausgeschenkt, was der urbane Mensch von heute als Symbol seiner dauermobilen Lebensart vor sich herträgt: das Heißgetränk im Pappbecher, gern auch so aufgeschäumt wie die Gehirne der Konsumenten.

Und so fiel mich doch ein sentimentales Sehnen an nach den Schrecken des »Draußen nur Kännchen!«, das ich, in Anlehnung an Marlene Dietrich, in einem alten Lied verarbeitete:

> Wo sind all die Kännchen hin,
> wo sind sie geblieben?
> Wo sind all die Kännchen hin,
> was ist geschehn?
> Mit den Kännchen ist es so:
> Kaffee gibt's nur noch to go.
> Wann wird man je verstehn,
> wann wird man je verstehn?

Am Automaten

Ein Bahnhof irgendwo in Deutschland, es ist schmutzig, oll und schäbig, man kann keine Zeitung kaufen, keine Fahrkarte. Es gibt keine Menschen, die wurden abgeschafft und freigestellt, es gibt nur noch Kunden, die einen Zug ohne Fahrschein nicht betreten dürfen. Den Fahrschein müssen sie am Automaten kaufen.

Der Automat will alles Mögliche wissen; nachdem ich es ihm mühsam mitgeteilt habe, nimmt er Geldscheine über zehn Euro nicht an. Ich möchte nicht in einer Schrottwelt leben, die Schrott nicht aus Not ist oder weil eben manchmal etwas nicht klappt wie gewünscht, sondern organisierter, beabsichtigter Schrott, ersonnen ausschließlich um eines Profites willen. Gerne träte ich den Automaten zusammen, noch lieber denjenigen, der ihn ersann, doch der ist nicht da, denn sonst bekäme er den ganzen Tag die Jacke voll von denen, die er zu »Kunden« herabgewürdigt hat. Ohne gültigen Fahrausweis betrete ich den Zug. Dem Kontrolleur erkläre ich, dass ich in einer analogen Welt erzogen und ausgebildet wurde und deshalb für die digitale Steinzeit überqualifiziert bin. Er versteht mich sofort und verlangt keinerlei Geld von mir, schon gar nicht einen Strafobolus.

Dann nehmen wir den jungen Menschen ihre Smartphones und ihre Ich-bin-ein-Idiot-Mützen weg und werfen sie aus dem Zug (die Smartphones und die Ich-bin-ein-Idiot-Mützen, nicht die jungen Menschen beziehungsweise die nur dann, wenn sie Widerworte geben und maulen). Das Leben kann herrlich sein, wenn man es nicht den Automaten überlässt.

Rauchen für den Frieden (1)

Warum gibt es Mücken? Weil Frösche Mücken mögen und Frösche wiederum Störchen als Nahrung dienen, die ihrerseits von Menschen geliebt werden, wenn auch nicht zum Aufessen. Zwar gibt es das Sprichwort »Da brat mir doch einer 'nen Storch«, aber der Storch wird nicht als Gericht, sondern als frei lebendes Tier geschätzt, bevorzugt zu zweit im Storchennest, schnäbelnd, klappernd und die Brut versorgend.

Das sieht der Mensch gern; scharf konturiert zeichnen sich die Storchensilhouetten vor dem Abendhimmel ab. Auch die Frösche können das offenbar sehen und aus dem schönen Bild folgen, deduktieren und kombinieren, dass die Luft rein und die akute Lebensgefahr gebannt ist, und so quaken und quarren sie äußerst munter und lebendig um die Wette. Was wiederum den Mücken als Signal dient, nun auszuschwärmen, denn der Frosch hat gerade anderes zu tun, als der Mücke an die Wäsche zu gehen.

So wirft sich die Mücke auf den Menschen, der Störche betrachtet und Frösche hört, von der Mücke aber, ohne die es den Frosch und damit auch den Storch nicht gäbe, gar nichts wissen will. Tja, sagt die Mücke, des Storchen Schönheit willst du und willst auch des Frosches Gesang und Niedlichkeit, mich aber hassest du, bar jeder Logik? Dafür wirst du bezahlen, und zwar mit deinem Blute! Und dann tunkt die Mücke ihren Rüssel tief hinein in den Menschen, und es beginnt ein grausamer Krieg zwischen Mücken und Menschen, der so viel Leid beschert und viele Opfer fordert auf beiden Seiten, und reich an diesem Kriege wird die Firma Autan. Den Kriegsgewinnlern wie dem Krieg aber steht die Revolution entgegen, die kubanische, mit ihren glorreichen Errungenschaften: Eine Cohiba Siglo III ist es, mit der die Mücken in Schach gehalten werden, denn sosehr die Mücke am Leben bleiben soll, um dem Frosch Nahrung zu geben und damit wiederum dem Storch, so soll sie doch unbedingt auch fernbleiben. Friedliche Koexistenz hat man das einmal genannt.

So sichert die kubanische Revolution den Frieden sogar noch in Deutschland: Der Mensch, die köstlich duftende Zigarre paffend, hält sich mit diesem Genuss die Mücken vom Leib, lauscht dem Konzert der Frösche und betrachtet voller Wohlgefallen das Storchenpaar. Er greift nicht ein in die Nahrungskette Mücke-Frosch-Storch, sondern hält sie aufrecht, dient der Natur und beschert sich damit größte Freuden. So behütet und sichert Havanna das Glück.

Nichts Sinnfälligeres und Weiseres gibt es als den Erwerb und Verzehr kubanischer Zigarren, der Kuba dient und damit dem Weltfrieden, auch dem zwischen Mensch und Tier.

Herr Schnupfen hat Grippe
Eine Bettgeschichte

Der Schnupfen lag friedlich zu Bett. Draußen stürmte es, der Wind kräuselte den See und fuhr durch die Äste der Weiden und Buchen vorm Haus. Es plästerte so heftig, dass die Regentropfen an die Fenster schlugen, durch die ein dunkelgrauer, teils sogar schwarzer Himmel zu sehen war. »Aaah, wie gemütlich!«, brummte der Schnupfen behaglich. Er mummelte sich in seine Daunendecke ein; in Gedanken dankte er den Gänsen für ihre edle Federspende.

Er nahm einen Schluck heißen Grog, den er sich zubereitet hatte: viel kubanischer Rum, frisch gepresster Limettensaft, kochend heißes Wasser, in dem Gebräu einen großen Löffel Honig umgerührt und das Ganze so heiß getrunken, wie es ging. Schlürfend nahm der Schnupfen den Grog zu sich, brummte abermals vor Wonne, stellte die halb geleerte Tasse auf den Nachtkasten, deckte sie mit einer Untertasse zu und wandte sich wieder seiner Lektüre zu.

Shel Silversteins Gedichtband »Ein Licht unterm Dach« war wie immer zauberhaft übersetzt von Harry Rowohlt. Der Schnupfen las das Titelgedicht:

> Auf dem Dachboden ist ein Licht an,
> Das Haus ist dunkel, die Fensterläden dicht,
> Und doch seh' ich ein feines Flackerlicht.
> Ich kenne mich bei so was aus.
> Auf dem Dachboden ist ein Licht an.

Ich seh' es von hier draußen,
Und ich weiß: Du bist da drin ... und kuckst heraus.

Entzückt klappte der Schnupfen den kleinen, leinengebundenen Band zu, legte ihn neben sich und streckte sich unter der Decke aus. Der Schnupfen war wegen Grippe krankgeschrieben und genoss es, das Haus nicht verlassen zu müssen. Endlich ein paar von den Büchern lesen, auf die er so neugierig war! Lange schon hatte er so richtig in Ruhe schmökern wollen, doch die Arbeit hatte ihn fast aufgefressen in den letzten Monaten. Ständig Überstunden und Extra-Schichten, auch nachts und am Wochenende, das war doch kein Leben mehr. Jetzt aber war er zuhause, eine ganze Woche lang.

Nebenan klingelte das Telefon. Er sah die Nummer auf dem Display und meldete sich so widerwillig wie verschnupft; keins von beidem musste er vortäuschen. Er hielt den Hörer ans Ohr und vernahm die geschwollene, nasale Stimme seines Vorgesetzten. Der Schnupfen konnte ihn nicht ausstehen; Dr. Sinusitis hatte sich bis in alle Stirnhöhlen hochgeschlafen und drangsalierte jeden, den er für einen Untergebenen hielt. Talentfrei, aber zäh, dachte der Schnupfen, während er den Wortschwall von Dr. Sinusitis von einem Ohr zum andern wandern ließ.

»Wir brauchen Sie dringend ... vier Erkältungen haben sich krankgemeldet ... die Kieferhöhlenvereiterung ist auch ausgefallen ...« und so weiter: Dr. Sinusitis versuchte, ihn unter Druck zu setzen. Der Schnupfen blieb fest: »Nichts zu machen«, antwortete er mit betont rauher, raspelnder Stimme. »Ich liege flach.« Die Gegenseite schlug einen schärferen Ton an: »... Kollegen hängen lassen ... mangelnde soziale Kompetenz ... über den eigenen Schatten springen ... müssen alle Opfer bringen ...«

Der Schnupfen stellte die Gehörgange auf taub, bis der Standardsermon vorbei war. Dann hustete und röchelte er gottserbärmlich. Dr. Sinusitis verlegte sich aufs Schmeicheln, was der Schnupfen aber noch ekliger fand als das Drohen und die Erpressungsversuche. »... können es noch weit bringen ... Beförderung zur Bronchitis ... Karriere als Lungenentzündung ... eines Tages vielleicht sogar mein Stellvertreter ...« Den Schnupfen durchfuhr ein Schaudern; Stellvertreter des schleimigen Dr. Sinusitis, diese Vorstellung war so abscheulich, dass er laut niesen musste, und weil er gleich mehrmals hintereinander nieste, gab sein Vorgesetzter endlich auf und beendete das Gespräch, nicht allerdings, ohne ihm sehr ironisch eine gute Besserung zu wünschen.

Der Schnupfen legte das Telefon beiseite. Dr. Sinusitis, der dümmste Grieche aller Zeiten seit Otto Rehhagel, konnte sich geschmeidig gehackt legen. Er trank den Rest von seinem Grog, griff zu dem Silverstein-Band und las noch einmal sein Lieblingsgedicht, die »Küchenkantate«:

> Warum spiele ich nicht die Karotte
> Im Gemüsestück dieses Jahr?
> Ich spiele immer die Karotte;
> Mein Kostüm steht mir so wunderbar.
> Ich bin die Verkörperung der Karotte,
> So lang und dünn wie ein Strich.
> Warum sagt der Regisseur: »Liebe Lotte,
> Spiel die Honigmelone für mich«?

Das, dachte der Schnupfen, gehört zu den Fragen, denen ich mich künftig widmen werde, und ratzte in Nullkommanichts weg.

Lesezeichen Pixi

50 Jahre alt musste ich werden, um einmal Babysitter zu sein, ein Kleinkindhüter. Das verschaffte mir einen angenehmen Abend; erst kochte ich für die junge Familie, die einen Crémant aus dem Hause Gérard Départdieu auf den Tisch stellte, an dem die kleine Energiekugel, deren Schlaf ich später zu bewachen hatte, ebenso wenig partizipieren wollte wie an den Jakobsmuscheln, die ich kredenzte. Kleinkinder sind extrem faire Mitesser; sie verlangen Aufmerksamkeit und Liebe, und wenn sie davon im ausreichenden Vollmaß bekommen, lassen sie den Erwachsenen die kulinarischen Freuden und Tröstungen, denen die sich widmen und hingeben, sei es, um Liebe und Aufmerksamkeit anzustacheln oder, traurig, ihre diesbezüglichen Defizite nur noch zu kompensieren.

Das Kind wurde väterlicherseits gebettet und in den Schlaf gelesen, dann verschwanden die Eltern feierwärts. Ich saß bequem und hatte Lektüre am Mann, als ich ein kleines Heftchen entdeckte, das offenbar meinem Schutzbefohlenen gehörte. Es war ein »Pixi«-Buch, mit dem Bären »Petzi« als Helden, das erinnerte mich an meine Kindheit und machte mich neugierig.

Die Geschichte ist einfach: Petzi steigt auf die Dampfwalze seines Freundes Reinhard Rollermann, fährt los und findet das prima, bis er merkt, dass er nicht weiß, wie man bremst. Und so walzt die Walze alles platt, ohne dass ihr Lenker etwas dazu könnte. Apfelkrapfen werden zu Pfannkuchen, Bäume und Blumen werden expressgepresst, Wäsche wird geplättet, und eine Gießkanne ist nur noch als Lesezeichen zu gebrauchen.

Lesezeichen ist immer gut; auf dem Tisch meiner Gastgeber sah ich »Imperium« von Christian Kracht liegen, aufgeklappt mit dem Buchrücken nach oben. Nein, dann lieber akkurat zuklappen und vorher eine Gießkanne zwischen die Seiten legen, mit der man auch jener deutschen Kulturbetriebsregression prima eins überziehen könnte, die unbedingt zurück will zu koketten Debatten oder Kokotten in debilen Betten über Wilhelm II., die Freiheit der Freicorps und alles Braune aus Braunau. Mal ganz davon abgesehen, dass »Pixi«-Autoren wenigstens passabel lesbar schreiben können müssen; entsprechend lesen zu können ist aber zu viel verlangt von einem Feuilleton, das »Diskurse« behauptet, wo der Literaturbetrieb nichts ist als Betriebswirtschaft.

Matchbox-Autos
und Brillantringe
Ein Glücksfund

Der große Jazz-Dadaist Helge Schneider hat einmal auf die klugschnackerische Feuilletonistenbehauptung, sein Humor spiele »auf einer Meta-Ebene«, geantwortet, seine Tante heiße Meta. Das gefiel mir ganz ausgezeichnet, und später fiel mir die Geschichte von Meta Morfoss wieder ein, dem kleinen Mädchen, »welches die Angewohnheit hatte, sich dauernd zu verwandeln«. Ich kenne sie seit langem, und dass ihr Erfinder Peter Hacks seiner Meta Morfoss eine schnurrbärtige Tante namens »Herr Maffrodit« beigab, will nicht aufhören, mir erfreulich und komisch zu scheinen.

Was ich nicht kannte, war eine Ausgabe, die Der Kinderbuchverlag 1986 herausbrachte, zusammengespannt mit der Geschichte »Ein Märchen für Claudias Puppe« und erschienen in der Reihe »Die kleinen Trompeterbücher«. Ich bekam das beim Trödler gefundene gebundene DIN-A-6-große Büchlein geschenkt, blätterte und freute mich an den farbigen Illustrationen von Gisela Neumann wie an der Formulierung »Für Leser von 8 Jahren an« im Impressum. Dann las ich noch einmal, wie Meta Morfoss mit ihren Verwandlungen in eine Muschel, einen Engel, eine Dampflokomotive, eine Wärmflasche, einen Platzregen, eine riesige Wollsocke, eine Orchidee, ein Krokodil oder in Albert Einstein die Welt und ihre Bewohner verwirrt, denen sie stets treuherzig erklärt: »Aber ich bin doch die Meta!«

Wer Meta Morfoss näher kennt, ist bald geneigt, jede seltsame Erscheinung für ein Werk des kleinen Mädchens zu halten und sie deshalb unvorsichtigerweise freundlich zu übersehen. Wohin das führen kann, beschreibt Hacks im schönsten Ton: »Es gab nämlich in der Stadt einen besonders schlecht erzogenen jungen Mann, der sich abscheulicherweise in mondlosen Nächten ein schwarzes Halstuch vors Gesicht band, sich einen Revolver (mit dem man zum Glück nicht schießen konnte) in die Tasche steckte und in alleinstehende Häuser einbrach, um dort Matchbox-Autos und Brillantringe zu rauben.«

Es gibt Räuber von Matchbox-Autos, die für gewöhnlich vier bis sieben Jahre alt sind, und es gibt Diebe von Brillantringen, die eher Cary Grant oder David Niven ähneln – allein Hacks gelingt es, beide unter einen Hut zu bringen und damit das Wesen der Männlichkeit à point zu definieren: Matchboxautos *und* Brillantringe rauben, darum geht es doch!

Doch die potentiellen Raubopfer halten den Einbrecher eben für eine Laune ihrer Tochter Meta und ignorieren ihn, bis er »fast närrisch vor Zorn« wird. Hacks weist ihm großzügig den Weg: »Da erkannte der Einbrecher, daß sich niemand vor ihm fürchten wollte. Er ging verwirrt weg. Und er zweifelte an seiner Eignung für diesen Beruf und hängte ihn an den Nagel, und er ist dann, wie wir in Erfahrung gebracht haben, noch ein sehr ordentlicher Autoschlosser geworden.«

Vom Matchbox-Desperado zum ordentlichen Autoschlosser gereift: das kann geschehen in der märchenhaften Welt der Vernunft, die Peter Hacks aus Gründen entwarf, denn die real genannte Welt ist irrsinnig. Dabei bleibt der Dichter Hacks, und auch das macht ihn singulär, zuverlässig zuversichtlich und sagt im letzten Satz der »Meta Morfoss«: »Denn möglich ist ja mehr, als wir oft denken.« Dies für Leute, die sich Realos nennen, weil sie sich mit realen Bandidos abgefunden haben oder mit ihnen längst gemeinsame Sache machen.

Jazz & Lyrik schützt,
Jazz & Lyrik nützt!

Pfingsten, sagt man, seien die Geschenke am geringsten, aber das traf nicht zu: Die »Jazz & Lyrik.«-Box von Peter Rühmkorf war als Geschenk auf dem Postweg zu mir. Als ich am Pfingstmontagabend von einer fünftägigen Reise heimkehrend meinen Hausflur betrat, sah ich eine mittig durchgerissene Versandtasche auf dem Boden liegen. O nein, dachte ich, bitte nicht, keine schurkische Postdieberei jetzt – und wurde erhört! Oben auf dem Briefkasten stand sie, in Schwarz, Weiß, Rot und Blau: die »Jazz & Lyrik.«-Box.

Was war geschehen? Der eilig hinzugezogene Sherlock Holmes klärte den Fall in wenigen Augenblicken: Offenbar hatte jemand den Umschlag, dessen eines Ende aus dem Briefkastenschlitz herausragte, an sich gebracht, ihn roh geöffnet und seinen Inhalt dann aber doch nicht gestohlen, sondern sogar noch ordentlich auf den Briefkasten gestellt und erst dann seine Flucht angetreten.

»Aber warum?«, fragte ich. »Diese Box ist wertvoll, sie enthält drei CDs und ein aufwendig gemachtes Booklet, das sogar ›Beibuch‹ genannt wird. Und der Name Peter Rühmkorf ist ein zu Recht gerühmter.«

Holmes lächelte, souverän und nachsichtig zugleich. »Mein Lieber«, sagte er. »Betrachten Sie die Box doch bitte genau. Welche Worte sind in der größten Type gedruckt?« Er hielt mir die Schmuckschachtel hin. »Sehen Sie? ›Jazz & Lyrik.‹ Die Worte haben in dem Dieb schlagartig Panik ausgelöst. Sie werden auf der Box Abdrücke von angstschweißnassen Fingern finden. Der Täter ist so schnell davongerannt, dass er sie nicht mehr abwischte und den zerrissenen Umschlag einfach zu Boden fallen ließ.«

Genauso war es. Ich dankte Holmes, begab mich in meine Wohnung und schrieb dem edlen Schenker einen Dankesbrief.

Eselsohren

Jährlich am 23. April feiert die Kalenderwelt den »Tag des Buches«, am 24. April ist dann traditionell der gleichfalls international begangene »Tag des Lärms« fällig. Das scheint plausibel; wenn man einmal im Jahr ein Buch gelesen oder doch wenigstens davon gesprochen hat, warum es wichtig sei, ein Buch zu lesen, ist man erleichtert und froh, sich von dieser schweren Strapaze zu erholen und bei Radau und Remmidemmi Erfrischung zu suchen.

Allerdings wird der Lärmfeiertag von seinen Organisatoren als Mahnung gegen den Lärm aufgefasst, und so kommen auch alle Freunde der symbolischen Aktion auf ihre Kosten. Am 24. April 2013 waren für 14 Uhr 30 »15 Sekunden Ruhe« ausgerufen; da muss sich der Lärm wohl ängstlich verkrochen haben, vorausgesetzt, dass die Uhren der Ruheaktivisten weltweit auf die Sekunde genau gleich gehen.

Lautstärke wird in Dezibel gemessen; das Wort stammt etymologisch von Dezibeelzebub ab, denn der Lärmende ist des Teufels, weshalb er auch von Emissionaren mit entsprechenden Emissionen bekämpft wird. Menschliche Lärmquellen gibt es viele, mannigfache von ihnen kann man ohne Übertreibung als Lärmquallen bezeichnen; es werden ihrer nicht weniger.

Die Qualen der Ohrenpein werden hierzulande traditionell von christlichen Glöcknern verabreicht, von Kreissägenunholden, Motorsensisten, Laubbläsern und Schlagbohrern, die sich in Baumärkten aus- und aufrüsten. Baumarkt ist ein Synonym für Waffenumschlagplatz; hier decken sich all jene ein, die zu ihrem tiefen Bedauern ihre Nachbarschaft nicht mit donnerndem Geschützfeuer auf einen Schlag erledigen können, sondern sie langsam und qualvoll um Nerven, Schlaf, Verstand, Geduld, Ruhe und schlussendlich ums Leben bringen. Bitterlich leidet der Baumarktkunde darunter, dass er, zum Traumberuf des Panzerfahrers berufen, ausgemustert und zum Chauffeur eines vierrädrigen Rasenmähers degradiert wurde, doch ein bisschen Pensionärssadismus ist besser als gar keiner mehr.

Das Wort Trommelfell bezeichnet ursprünglich eine Tierhaut, die über ein Gefäß aus Ton, Holz oder Metall gespannt und auf die dann mit Hand, Stock oder Schlegel eingeschlagen wird. Die Tierhaut heißt Tierhaut, weil mancher gern das Tier haut, um damit auch das menschliche Trommelfell zu erreichen und es in die Erosion zu zwingen. Wer einmal eine Trommelgruppe im Park erleben musste, weiß um die Leidenstiefe des menschlichen Ohrs.

Die Zerschindung durch Lärm erfährt der Mensch auch vom internationalen Jungvolk, das flaschenzerklirrend durch die Welt marodiert, von Ego-Egons, die ihre privaten Angelegenheiten öffentlich in Telefone hineinbrüllen und von Autofahrern, denen ihr fahrbarer Untersatz, wie man Autos früher scherzhaft nannte, schier wegplatzt, weil sie außer Unz Unz Unz nichts gelernt haben, was man ihnen auch sonst stark anmerkt.

Eines aber sei den Lärmbolden der Welt hinter ihre längst toten Ohren geschrieben: Man soll das Trommelfell des Menschen nicht verkaufen, bevor man das Trommelfell des Menschen erlegt hat.

Der kann noch ganz anders

Lobrede auf den Zeichner, Maler, Dichter, Drehbuchautor, Schauspieler, Songschreiber, Sänger und Entertainer Ernst Kahl anlässlich der Verleihung des Wilhelm-Busch-Preises am 21. September 2011

Ernst Kahl und sein Werk lernte ich zu einer anderen Zeit kennen – vor 1989. Man muss sich das einmal vorstellen: Die Welt war damals so reich und so großzügig eingerichtet, dass sie sich zwei Deutschlands leisten konnte. Humorvoller waren die Deutschen durch den Luxus des Geteiltseindürfens erstaunlicherweise allerdings nicht geworden.

Nachdem im März 1988 ein von Ernst Kahl gemalter Jesus mit feuerspuckender Maschinenpistole das Titelblatt der Monatszeitschrift *konkret* schmückte, hatte Herausgeber Hermann Gremliza zirka 1000 Abo-Kündigungen zu verkraften. Aus der sich selbst als schwer fortschrittlich und links empfindenden Klientel hatte Kahl das Potential dumpfer Beleidigtheit herausgekitzelt: Nein, das geht nicht, das geht im Gegenteil zu weit, denen zeig ich's jetzt und kündige mein Abo, ha! Denn so ist der Abonnent: schon zum Frühstück präpotent.

In *konkret* veröffentlichte auch der Endreimdichter und Kolumnist Horst Tomayer, mit dem Ernst Kahl eine Freundschaft verband. Beiden waren die überall an Laternenpfähle und Bäume gepinnten und meist von Frauen geschriebenen »Muschi entlaufen«-Zettel aufgefallen, mit denen der Verlust einer Katze angezeigt wurde. Die beiden Galane wollten helfen, verschafften sich in einer – man sagt wohl »einschlägigen« – Zeitschrift die Fotografie einer weiblichen Muschi und plakatierten sie auf DIN A 4-Papier mit folgendem Text: »Muschi entlaufen. Sie hat ein weiches Fell und ganz kleine Ohren.« Die Parodie auf den Katzenkitsch verstand nicht jede und nicht jeder richtig. Nachdem Kahl und Tomayer ein verdientes Pausenbier zu sich genommen hatten und sich nochmal ans Werk der Volksaufklärung machten, wurden sie gestellt und angezeigt. Satire wird in Deutschland allenfalls begriffen, wenn sie in einem Rahmen erscheint, in den ein Messingschild mit der Inschrift »Vorsicht, Satire!« hineingeschraubt ist.

Den Bühnenkünstler Ernst Kahl erlebte ich erstmals im Duett mit Horst Tomayer. Während Kahl stoischen Gesichts die Akkorde der »Moorsoldaten« auf der Gitarre griff, sang Tomayer zur Melodie des Überlebensliedes: »Dafür haben unsere Väter / Nicht gelitten noch gekämpft / Daß man unsre Forderungen / wie die Pellkartoffeln dämpft // O Haupt voll Blut und Wunden / Fünfunddreißig Stunden / Sind genug«.

Auch als Drummer machte Ernst Kahl gute Figur: Für eine frühe Aufnahme von Rocko Schamonis Lied »Was kostet Liebe, wie teuer ist Glück? Liebe kann man sich nicht kaufen« saß Ernst Kahl am Schlagzeug. Gemeinsam mit dem dezent-stilvoll spielenden Gitarristen Hardy Kayser bildete Kahl die Klein- und Kampfkapelle »Trinkende Jugend«; später nannten sie sich schlicht »Ernst Kahl & Kayser«.

Seine Lieder präsentiert Kahl als souveräner Unterhalter, der beim Publikum gleichwohl verstörende Wirkung erzielt. Wenn er beispielsweise das Lied »Kleiner Vogel« anstimmt, das er für den gemeinsam mit Detlev Buck geschriebenen Film »Wir können auch anders ...« beisteuerte: »Kleiner Vogel, flieg nicht so weit, wenn es schneit ... Hier steh ich, dein Wärter, und sage zu dir: Es ist draußen härter als drinnen bei mir ... Dies sing ich für alle Gefangnen, umschlossen von Draht und Beton: Denkt ihr an eure Freiheit, dann denkt auch an meinen Song ...« Das ist vielleicht nicht Amnesty-International-tauglich, aber sehr komisch.

Bei Ernst Kahl fängt der Spaß da an, wo er gemeinhin aufhört. »Spaß muss sein – Spaß beiseite – Da hört der Spaß auf«: Mit dieser heilig-einfältigen, im Zweifelsfall immer repressiven Dreifaltigkeit ist das Humorverständnis der Mehrheit der Deutschen fest umrissen. Man verlangt die Bestätigung des Selbstbildes als kultivierter, humanistischer und sowieso kreuzguter Mensch. Wird die verweigert, ist man, ob Blockwart oder Philologe, grundbeleidigt bös, zerrt sich die Hose bis weit über den Kopf nach oben und zetert: Das ging unter die Gürtellinie! Unfair! Verantwortungslos! Geschmacklos!

Zwar ist es nichts Neues, dass der Mensch auch vom Nabel, von der Gürtellinie abwärts existiert – mancher existiert offenbar sogar nur da –, aber wie es denn genau aussieht damit, das alles zeigt Ernst Kahl: Das Bild eines Katers, der von einem ebenfalls männlichen Zierfisch fellationiert wird und dabei namenlos dösig aus der Katzenwäsche kuckt, erzählt nicht nur von den Verwüstungen im Reich der Sexualität und in der Tierwelt; diesen eingeschränkten Gesichtsausdruck kennt auch jede Frau, von ihrem lieben, guten Mann oder Freund, gern auch »Lover« genannt. Merke: Eine Frau, die »Lover« sagt, hält sich für und gilt als souverän – und ist also ungefähr so souverän, wie in Deutschland das Volk Souverän ist.

Dass manche Frauen sich selbst missverstehen, führte auch zu Missverständnissen mit der Kunst von Ernst Kahl. Seine Skulptur »Die Braut des Maurers« zeigte eine gemauerte Wand, in der, auf durchschnittlicher männlicher Schritthöhe, mittig ein

Mauerstein hochkant stand und seine ovale Öffnung präsentierte. Feministisches »Sexismus!«-Gekreisch ließ nicht auf sich warten. Diese Damen ticken zuverlässiger als jedes Schweizer Uhrwerk. Dabei hatte Kahls Kunstwerk, wenn man es denn unbedingt eins zu eins in die sogenannte Wirklichkeit zurückübersetzen will, doch männliche Sexualnot und Erbarmungswürdigkeit zum Thema und nicht weibliche Verfügbarkeit. Kahls Feinden ist der Unterschied zwischen künstlerischer Armut und Anmut nicht bekannt oder bewusst, Ernst Kahl dagegen ist er das sehr dezidiert.

Als zurückhaltender, stiller Provokateur trat Ernst Kahl auch 1992 in Kassel in Erscheinung. Im Schaufenster eines im Fußgängertunnel gelegenen Ladenlokals ließ er eine Gruppe gleichaltriger Gummibäume monatelang aus Protest gegen die Abholzung des tropischen Regenwaldes fasten; im Kreis um die dürstenden Bäume fuhren auf einer Modelleisenbahn ebenfalls auf Wasser verzichtende Kakteen herum. Kahls Installation, eine angemessene Replik auf den immer wüster um sich greifenden Solidaritätskitschquatsch, wurde mit Erregtheit aufgenommen und quittiert: Autonome PflanzenschützerInnen protestierten scharf gegen diesen »Massenmord an unschuldigen Pflanzen«. Was immerhin die Frage aufwarf: Gibt es eigentlich auch schuldige Pflanzen? Falls ja, werden es wohl die fleischfressenden sein.

Nicht weniger liebevoll widmet sich Ernst Kahl auch der oft geschmähten Welt des Klerus. Sein Bild »Mönch und Nonne« zeigt einen Glaubensbruder, der sich a tergo an einer verstorbenen Nonne delektiert. Das lässt manchen Ministranten erleichtert durchatmen: Wenn schon Kirche von hinten, dann bitte erst post mortem.

Erotisch hinreißend ist Kahls Bild einer Nonne, die sich in ihrer Zelle entkleidet, dass es dem an der Wand hängenden

Kruzifix-Jesus nicht nur Stielaugen macht, sondern auch einen veritablen Ständer beschert. So human ist Jesus selten dargestellt worden; das darf am Vorabend des Papstbesuchs in Deutschland nicht verschwiegen werden! Dem Papst, dessen Auftritt im Berliner Olympiastadion man als »Hitlerjunge's coming home« bezeichnen könnte, rief ich einst zu:

Du willst sein wie Jesus Christus? / Nimm den Hammer, und dann bist du's! / Vorbildlich für alt und jung / ist die Eigenkreuzigung.

Zum Schluss dieser Laudatio möchte ich auf zwei Werke des Zeichners und Malers Ernst Kahl verweisen, denen ich mich ganz besonders verbunden fühle. »Kranke Verwandte« ist ein Bilderbuch, das vom Buchhandel traktiert wird, als handle es sich um Pornographie. Dabei zeigt es nichts als die nackte Wahrheit. Der Titel »Kranke Verwandte« ist reine Tautologie; man sieht auseinandergezerrte Pobacken von Onkeln, die Neffen locken wollen, beinespreizende Omas, die Enkel bedrücken, und man erkennt, welches das eigentliche böse Wort mit F ist: Es ist nicht jenes, das man zu Frauen nicht sagt, und es heißt auch nicht Finanzamt. Sondern: Familie. Familie ist Ursumpf und Stützstrumpf aller Schrecken und jedweder Gemeinheit; da kommt es her, das Böse, dort wird es angerührt und eingetütet, von dort aus zieht es in die Welt.

Für die Vierteljahreszeitschrift *Häuptling Eigener Herd*, die ich seit 1999 gemeinsam mit Vincent Klink herausgebe, gestaltete Ernst Kahl die Ausgabe Nummer 9, die im Dezember 2001 erschien. Meine Lieblingszeichnung aus diesem Heft heißt »Neulich beim FKK-Grill«. Kahl zeigt darauf allerlei nackte Menschen; im Hintergrund verfolgt ein dicker Nackedei in Gummistiefeln eine dicke Nudistin. Im Vordergrund stehen zwei nackte Herren am Grill. Der eine von beiden, er trägt ein kariertes Hütchen, weist den anderen auf etwas hin: »Es geht mich zwar nichts an, aber Sie grillen gerade Ihr Glied ...« Woraufhin der zweite, nur mit Armbanduhr bekleidet, eine Grillgabel in seiner linken Hand und den Pimmel auf den Rost gelegt, lächelnd erwidert: »Und ich hatte mich schon gewundert, dass das Ding sich nicht umdrehen lässt.«

Genau so und nicht anders ist der Mensch, und Ernst Kahl zeigt ihn so ungeschönt wie humorvoll. Für all diese wundervollen Sauereien kann man nur freudig danken.

Würde, ganz einfach

Wenige Tage bevor in Deutschland am 18. März 2012 die Farce einer Präsidentenwahl stattfand, gegen die einzuschreiten das Kartellamt Grund gehabt hätte, trat in Berlin und Hamburg ein Mann auf, der »Political Science« auf eine Weise begreift, wie das Gros der Deutschen politische Wissenschaft niemals auffassen oder betreiben wird: präzise, charmant, intelligent, humorvoll und präsent, und das alles ganz frei, also frei vor allem auch von jedweder Penetranz.

Monatelang hatte man ein restlos würdefernes Gekeife über die halluzinierte »Würde« von Amts- und Schlipsträgern erdulden müssen, und dann ist die Würde ganz einfach da. Sie heißt Randy Newman, betritt die Bühne, grüßt dezent ins Publikum und gibt ein Solokonzert am Flügel. Randy Newman beherrscht die schönen Künste der Zurückhaltung; in seinem Spiel, seinen Kompositionen, seinen Texten und seinem Gesang bildet er den Kosmos ab, ohne sich selbst darzustellen; er ist ein Meister darin, die Welt en detail zu beschreiben und damit zu zeigen, wie sie en gros beschaffen und eingerichtet ist.

Randy Newman hören ist, als schaue man durch ein Prismenglas. Seine Lieder verweisen auf die ihr wesenseigene mögliche Schönheit und Größe der Welt: Sie zeigen, quasi im Umkehrschluss, wie diese Welt verhackstückt und niedrig gemacht wird, wie man sie ökonomisch, politisch und medial verkleinert, banalisiert und wertlos macht, und das mit System.

Wenn Randy Newman »Jolly Coppers on Parade« singt,

sein Lied über eine Parade fröhlicher Polizisten aus dem Blickwinkel eines Jungen, der genauso werden möchte, dann ist die Perversion der für sich selbst Reklame machenden Blender- und Pseudowelt in schönste Worte und Musik gekleidet und gefasst.

Dass Randy Newman die sehnsuchtsvollen Zeilen »I'm looking at the River, but I'm thinking of the Sea« einem Kindermörder in den Mund legt, ist ebenso doppelbödig wie das hymnische »Sail away«, das Newman einen Sklavenhändler ausrufen lässt, der damit Leute überredet, doch zu ihm auf sein Boot zu kommen.

»Louisiana« bringt auf den Punkt, wie hilfreich Naturkatastrophen doch für Politiker sind, um kalkuliert Empathie zu simulieren. »Real emotional Girl« lässt das Ausmaß der seelischen Katastrophe eines vatermissbrauchten Mädchens erahnen, gerade weil Newman sich auf Andeutungen beschränkt.

Taktvolle Selbstbescheidung ist wesentlicher Teil der Kunst Randy Newmans, der die amerikanische Klassik studiert hat und nicht behauptet, er hätte sie neu erfunden. Was er tut, ist so tief gefühlt wie klug gedacht, und so schlicht und schön er seine Lieder spielt und singt, macht er kein Aufhebens davon und nimmt sich als Person zurück, was die Intensität seiner Kunst selbstverständlich erhöht. Randy Newman macht keine Welle und keinen Wind, er setzt nicht auf Effekt, sondern erzielt Wirkung.

> Um es in vier Zeilen zu sagen:
> Können und Haltung statt Pose,
> also den Arsch in der Hose
> und nicht als Gesicht getragen.

Wie erleichternd und kräftegebend ist das, wenn man von einem eher kleinen, leicht runden Herrn von 68 Jahren so konzentriert wie souverän en passant gezeigt bekommt, worum die Doofen unter den Deutschen so vergeblich und jämmerlich ringen: Würde und Humor, Tiefgang und Ironie, Empathie ohne Pathos, Witz und Charme, Klarheit und Schärfe ohne plumpe Invektiven.

So schön und groß wie die Welt war das; es ist lange her, dass ich in einem Konzert vor Glück weinte, und darüber, wie Glück politisch geraubt werden kann. Zweieinhalb Stunden im Konzert von Randy Newman verführen zum höchsten empathischen Denken: dass diese Welt aus Trümmern ein Zuhause sein könnte.

Erstschlag gegen Leser

Mitte April 2011 las Günter Grass vor dem Atomkraftwerk Krümmel bei Hamburg bei einer Anti-Vattenfall-Veranstaltung. Das AKW war offenbar etwas leck, und ein Jahr später machte der vollverstrahlte Dichter erneut von sich reden. Was die *Süddeutsche Zeitung* am 4. April 2012 auf ihrer Seite 1 als »Aufschrei« ankündigte und dann im Feuilleton unter dem Titel »Was gesagt werden muss« druckte, lässt sich so zusammenfassen:

> Schlechte Prosa, die man willkürlich umbricht,
> bleibt schlechte Prosa und wird kein Gedicht.

Günter Grass war es für seinen Geschmack viel zu still um Günter Grass geworden; der Mann, der behauptet, »in Deutschland totgeschwiegen« zu werden, sobald weniger als 25 Mikrophone und Kameras gleichzeitig auf ihn gerichtet sind, bedurfte der Aufmerksamkeit, und wie man die bekommt, davon versteht Grass etwas.

Also erklärte er, »bislang« geschwiegen zu haben, um nun aber »nicht mehr« zu schweigen, als hätte nicht sein ganzes öffentliches Leben darin bestanden, immerzu über alles herumzurhabarbern, wovon er nichts versteht. Geschwiegen hatte Grass nur 61 Jahre lang über seine Waffen-SS-Vergangenheit, in derselben Zeit aber alle Welt angeherrscht, die eigene Geschichte gefälligst offenzulegen. Das ist exakt die »Heuchelei des Westens«, derer Grass nun »überdrüssig« ist.

»Mit letzter Tinte« beziehungsweise bis zur letzten Tintenpatrone kämpft Grass darum, medial beachtet zu werden; da muss dann auch mal der »Weltfrieden« herhalten, dem Grass ein Bruchband spendieren möchte. Doch die »letzte Tinte« ist wie alles an Grass gelogen; der Steidl Verlag, dessen Miteigentümer Grass ist, wird – jede Wette – den Sermon samt »Debatte« zwischen Buchdeckel klemmen und in alle Welt hinausorgeln. Die Übersetzer können einem jetzt schon leidtun.

Die öffentlichen Reaktionen auf den Wehleidartikel von Grass sind mehrheitlich so humorfrei wie Grass selbst. Die Beflissen- und Verbissenheit, mit der man sich gegen oder auch für Grass in die Bresche wirft, fügt der Welt nicht einen einzigen Gedanken und damit Schaden zu. Grass hat nichts gesagt, das man nicht längst von ihm wissen konnte, hat aber für seine in jeder Hinsicht armselige Veröffentlichung bekommen, was er wollte: Vollalarm um seine Person. Alle, die ihm diese Genugtuung verschafften, können sich an ihre Sprengköpfe fassen und nachschauen, ob es sich um ebensolche Attrappen handelt wie bei Grass.

Wenn man am Berliner Maybachufer Fisch kauft, bekommt man ihn in einer Tüte ausgehändigt, auf die der Fischhöker hat drucken lassen:

»Fisch hält fit …
… und bleibt ein Hit!«

Verglichen mit »Was gesagt werden muss« von Günter Grass ist das Weltliteratur. Grass, das möge sein Urteil sein, muss seinen Literaturnobelpreis, selbstverständlich samt Preisgeld, an genau diesen Fischverkäufer weitergeben. Ich vermittle das gern, Überweisung bitte mit dem Kennwort: Butt, nu is gutt!

Testosteronthrombose

Ostern ist arbeitsfrei, aber auch diese Freiheit hat ihren Preis. Traditionell wird man im Abendland mit dem Leiden Christi bedrückt, damit man nicht ungebunden umherstreift, sondern sich mickrig und schlecht fühlen soll. Weil die Schmerz-und-Schuld-Nummer aber schon länger nicht mehr so richtig zieht, wurde am Karfreitag 2012 ein zweiter Jesus installiert, ein Jesus mit Schnauz. Bei *Spiegel online* erklärte Jakob Augstein: »Es ist dieser eine Satz, hinter den wir künftig nicht mehr zurückkommen: ›Die Atommacht Israel gefährdet den ohnehin brüchigen Weltfrieden.‹ Dieser Satz hat einen Aufschrei ausgelöst. Weil er richtig ist. Und weil ein Deutscher ihn sagt, ein Schriftsteller, ein Nobelpreisträger, weil Günter Grass ihn sagt. Darin liegt ein Einschnitt. Dafür muss man Grass danken. Er hat es auf sich genommen, diesen Satz für uns alle auszusprechen.«

Ob es an Ostern lag, dass Augstein sich rhetorisch so verchristuste und diesen Kelch nicht ungenutzt vorübergehen ließ: »für uns alle auf sich genommen«? Und wie viele, die das lasen, sagten daraufhin »Schönen Dank auch, aber für mich bitte nicht«? Wird der *Freitag*, den Jakob Augstein herausgibt, in *Karfreitag* umgetauft und zum Zentralorgan der Deutschen Christen gemacht?

Die meisten Landesbewohner aber ignorierten die österliche Spaßverderberei und widmeten sich den Freuden, die kein Humbug sind: den irdischen. Auf der Straße wurde, wie es im Frühling üblich ist, die Paarungsbereitschaft prachtvoll ausgestellt. Ostern ist die Kurzformel für TestOSTERoN, und schön albern war's, Kamerad Mitmensch beim Vorzeigen der eigenen Geschlechtsreife bis an die Grenze der Testosteronthrombose zuzusehen. Denn die Luft war noch frisch und kühl, weshalb sich die testosteronale Demonstration in vollständiger Kleidung vollzog.

Diverse muslimische Damen waren sogar so komplett angekleidet, als herrsche noch eisiger Winter; nur ein schmaler Sehschlitz zeigte Augen und ein bisschen Gesichtshaut, der Rest war zugehängt. Einige Deutsche, die des Anblicks der totalverhüllten Frauen ebenso ansichtig wurden wie ich, mokierten sich lautstark, wie »abscheulich« und »grausam« der Aufzug doch sei. Ich erinnerte mich an meinen Besuch in Dresden im Juni 2011, wo 500.000 Christinnen und Christen sich bei sehr warmer Witterung austobten; der Anblick der fast durch die Bank allzu leicht gekleideten und jedermann grenzdebil angrinsenden Gläubischen hatte in mir den dringenden Wunsch nach Burkapflicht für Christen ausgelöst.

Ähnlich eindrücklich war der Anblick einer Gruppe junger Menschen, die der Sprache nach aus Deutschland, Spanien und den USA stammten. Alle waren sie, Frauen wie Männer, 20 bis 25 Jahre alt, alle hatten sie sich an einer Bude einen Plastiknapf mit Pampf geholt, alle ließen sie sich, obwohl es genügend Sitzbänke gab, auf dem schmutzigen Boden nieder und verzehrten den Inhalt der Näpfe mit Hilfe von Plastikbesteck. Ein paar junge Türkinnen stolzierten an ihnen vorbei, auf hohen Schuhen, in prächtigen Gewändern und mit leuchtenden Kopftüchern, die sie kunstvoll um ihr Haar geschlungen hatten und die ihre Gesichter unbedeckt ließen. Sie waren schön und sich dessen sichtlich bewusst, und offenbar kannten sie eine Grundregel der sinnlichen Wahrnehmung:

Verhüllung heißt doch überhaupt nicht Prüderie.
Im Gegenteil: Wer nichts verhüllt, tötet die Phantasie.

Das hat man im freien, freizügigen Westen zwar weitgehend vergessen und pflegt deshalb bevorzugt den Ich-zeige-alles-bis-euch-alles-vergeht-Nuttenlook. Und wie ich die Vertreterinnen und Vertreter der Jugend des Westens so sah, wie sie ohne Not Dreck fressend dasaßen mit dem Hintern im Drecke, da wurde mir ganz feierlich von der Überlegenheit der westlichen Kultur.

Idylle und Mobilität

Woran erkennt man eine Idylle? An der permanenten Fluchtbereitschaft ihrer Bewohner. Niemand ist so gut motorisiert wie die Bewohner ländlicher Idyllen. Sie wissen sehr genau, dass die Paradiese der Welt nur zu ertragen sind, wenn man sie jederzeit verlassen kann. In einer bis zur Irrsinnigkeit mobilen und mobilisierten Gesellschaft ist die Landbevölkerung Avantgarde.

Das liegt nicht nur daran, dass es so etwas wie öffentliche Verkehrsmittel ebenso wenig gibt wie die Möglichkeit, die Dinge des täglichen Bedarfs an Ort und Stelle zu bekommen. Es hat auch mit der Angst zu tun, dass man in der Idylle des himmlischen Friedens, die als Grabesstille empfunden wird, irgendwann tot überm Zaun hängen könnte. Während das wahre Leben, das ja immer eine Projektion ist, angeblich ganz woanders tobt und glitzert, schluchz!

30 Kilometer südlich von Berlin liegt Rangsdorf; gleich gegenüber der »Seniorenresidenz Rangsdorf« ist ein Gewerbehof angesiedelt, in dem die Mobilitätsbedürfnisse der Landbevölkerung sehr gut abgebildet sind. Der ansässige Fahrradladen heißt nicht nur »Das ZweiRadCenter«, sondern auf gut global auch »X Treme Mobility«. Gleich nebenan residiert die Fahrschule Olberg, die sich nicht nur der Erfüllung des größten Fahrschulkundenwunsches »Mein Ziel / endlich mobil« verschrieben hat, sondern damit auch beweist, dass in Kleingewerbetreibenden mehr lyrisches Format stecken kann als in einem deutschen Literaturnobelpreisträger.

Wer der Idylle nicht mehr mit dem Fahrrad, dem Automobil und nicht einmal mehr zu Fuß entkommen kann, dem bleibt immerhin ein Rest interner Altersmobilität, für den die ein paar Meter von der Fahrschule abliegende Firma »Agilah Treppenlift Systeme« zuständig ist. Wenn es mit der Mobilität dann einmal ganz und gar vorbei ist, übernimmt das »Bestattungsinstitut Reichelt«, bei dem der kurze Rundgang durch den Hof endet, die finale Etappe eines mobilen Landlebens und bietet allen, denen es auch auf dem letzten Weg noch pressiert, sogar einen »Tag- und Nachtruf« an.

Nach geruhsamem und gemütlichem Landleben klingt das nicht und ist dennoch Magnet für den Berliner, der immer wieder raus will aus sich und rein ins Idyll. Was bei anderen Städtern dem Wunsch nach Ruhe und Natur entspringen mag, ist bei Berlinern nekrophil motiviert: Berlin ist eine Stadt, die ein »Zuhause« nur nennen kann, wer dort begraben liegt. Und so laufen die Berliner immerzu vor sich fort und suchen instinktiv Orte auf, von denen sie sich wünschen, sie könnten ihnen dereinst als Friedhof dienen. Denn die einzige Ruhe, zu der ein Berliner imstande ist, ist seine letzte.

Bohrer an der Wand

Um halb vier Uhr morgens hatte das durchmarodierende Partyvolk endlich das vom Konjunktiv in den Indikativ entlassene »Ich könnte brüllen« aufgegeben und war in die von der Stadtregierung Wowereit bereitgestellten Ferienwohnungen und Hostels eingekehrt, um die dortige Nachbarschaft noch ein paar Stunden zu schinden und kaputtzuquälen. Ich stellte mein Fenster auf Kipp, legte das Buch beiseite und knackte glücklich weg.

Morgens um fünf weckte mich eine Musik, wie ich sie lange nicht gehört hatte. Die Vögel sangen, als seien sie allesamt verliebt, wollten das einander kundtun und sich an Sangeskunst und melodischer Schönheit übertreffen. Je wacher ich wurde, desto deutlicher trat die Struktur des Konzerts zutage. Das war kein Durcheinander, kein Lärm, keine Kakophonie, hier trat ein Orchester auf, ein Ensemble, deren Mitglieder genau aufeinander hörten und filigran reagierten.

Der Mangel an Schlaf ließ mich wieder einnicken, und während ich süß zu träumen begann, dachte ich noch, das englische Wort »lullaby« sei klanglich doch treffender als das deutsche »Wiegenlied«. Und dann lallebeiten mich die Vögel in den Schlaf, dass es eine Wonne war. Wer noch einmal die Abgestandenheit von sich gibt, schlafen könne man, wenn man tot sei, oder, sogar noch dööfer, der Schlaf sei »der kleine Bruder des Todes«, sollte besser bei dessen großem Bruder anheuern, und zwar flugs.

Kaum war ich erfrischt und erquickt aus dem Bette gehoppt,

klingelte das Telefon. Ich erkannte die Nummer der Teilnehmerin und nahm den Anruf an. Die in mir Saiten zum Klingen bringende Stimme begann zu sprechen, als ein Nachbar zwei Meter neben mir in die Wand bohrte. Er bohrte ohrenbetäubend, und die Stimme im Telefon fragte besorgt und belustigt zugleich: »Was ist bei dir los? Gibt es endlich Krieg gegen Deutschland, und du kannst schön emigrieren?«

Das gefiel mir gut, und ich verfiel gleichfalls in Alberei. »Nein, leider nicht«, gab ich zurück. »Es ist nur mein Nachbar Karl Heinz Bohrer.«

Der Kalauer war mir selbst etwas peinlich, aber die Stimme fragte neugierig zurück: »Wer ist Karl Heinz Bohrer?«

Unwissenheit bewahrt nicht zuverlässig vor Dummheit, doch es gibt eine bewundernswerte intuitiv selektive Wahrnehmung, die den Menschen vor allem beschützt, das auf nichts zielt als auf die ermüdende Befriedigung von Ehrgeiz, mit der man von viel zu vielen Menschen viel zu oft belästigt wird.

»Karl Heinz Bohrer«, sagte ich, »ist ein emiritierter Bielefelder Professor, der den Weltbürger mimte, den feschen Hochnasibert und Herrenpimpel, und dem autoritär fixierte Deutsche und Franzosen dafür nachliefen und sonstwo reinkrochen. Er hielt sich wahlweise für den Planeten Mars, Merkur oder Pluto und manchmal sogar für alle drei zugleich, aber das hat sich unterdessen erledigt, und jetzt bohrt er statt der dünnen Bretter nur noch meine Wand an. Früher hat er mal eine, haltdichfest, ›deutsche Zeitschrift für europäisches Denken‹ herausgegeben.«

»Was soll das denn sein?«, fragte die Stimme im Telefon. »Keine Ahnung, wahrscheinlich nur Angeberei«, gab ich zur Antwort; wie aufs Stichwort setzte das nachbarliche Bohren wieder ein, und ich bat darum, das Telefonat zu verschieben, bis man einander wieder verstehen könne.

Ich kleidete mich an; trotz des elenden Gebohres war meine Laune noch von der guten Sorte, hatte ich doch das Singen der Vögel und eine liebe Stimme im Ohr, und so gewappnet klingelte ich beim Nachbarn, um über häusliche Lärmerzeugungsmodalitäten zu verhandeln. Ich sah auf die Uhr. Es war halb elf durch. Das Bohrergeräusch verstummte, die Tür wurde aufgetan.

Ein etwa 80jähriger Mann stand vor mir; um seine etwas schüttere Haarmähne zu bändigen, hatte er sich ein Band mit der Aufschrift »Deep Purple in Rock« um den Kopf gewickelt. Ich stellte mich ihm vor und bat ihn, mit ihm ein »Lärm-Zeit-Kontinuum-Abkommen« zu treffen; diese Formulierung hatte ich mir zurechtgelegt, um bei ihm gut Wetter zu machen. Sein Gesicht nahm einen fragenden Ausdruck an. »Aus der Tiefe des Raumes«, erläuterte ich, »dringt ein starkes Geräusch an mein Ohr, das vom Ende des Ästhetischen kündet.«

Sein Blick entdüsterte sich; er lud mich in seine Küche ein, nahm sich ein Bier aus dem Eisschrank und bot mir ebenfalls eins an. »Danke, aber für mich etwas früh«, sagte ich höflich. Ich betrachtete ihn. Er trug schwarze, an den Seiten geschnürte Lederhosen, eine schwarze Lederjacke und darunter ein T-Shirt mit dem Aufdruck »Krokus goes Boom«.

Erstaunlich, dachte ich; Karl Heinz Bohrer hat sich verändert. Aber vielleicht ist das nur äußerlich? »Heute morgen«, begann ich die Konversation, »habe ich ein wirklich großes Konzert gehört. Bohrers Augen begannen zu glänzen. »Konzert«, raunte er, »ja, das ist schön.« Er lächelte glücklich. »Ich fahre jedes Jahr nach Wacken. Kennen Sie Wacken?«

Ich sah Massen von mindestens 40 Jahre alten Männern vor mir, die sich zu tinnituserzeugungstauglichem Radau im Schlamm wälzten und das schön fanden. Bohrer, der deutsche Musterästhet, passte dort nicht recht ins Bild. »Das Verstehen von Musik«, sagte der alte Mann in Leder sehr ernst, »bedarf der Musikalität des Zuhörers.« Er sah bedrückt aus. »Und der deutsche Intellektuelle ist nicht musisch. Er braucht etwas, in das er hunderte von gedruckten Seiten hineininterpretieren kann. Es spielt keine Rolle, ob das in Bayreuth stattfindet oder in Wacken. Es geht um Pose und Interpretation. Das ist alles. Das ist deutsches Schreiben für europäisches Denken. Oder wie Sie« – Bohrer rülpste sacht entrückt – »das sonst nennen wollen.«

Er wandte sich wieder seiner Bohrmaschine zu. »Ich habe hier noch ein bisschen zu dübeln«, sagte er und nahm das Gerät in die Hand. »Dübeln ist besser als grübeln. Glauben Sie mir, junger Mann«, sagte er und sah mich fest an. »Aber spätestens um fünf vor zwölf bin ich durch.« Er lächelte wieder. »Fünf vor zwölf ist die Lieblingsuhrzeit der Deutschen. Das macht sie so tüchtig.«

Er hörte tatsächlich um fünf vor zwölf auf zu bohren, und dann war es still. Ich habe Karl Heinz Bohrer nie wiedergesehen.

Diverses Nageln
Eine Ostergeschichte

Wenige Tage vor Ostern schrieb mir ein gut befreundeter Kollege in einer Elektropost, dass er leider bei schlechter Laune sei, weil er anderntags um sieben Uhr in der Frühe die Maurer in Empfang nehmen müsse und deswegen schon jetzt, am Vorabend dieser Heimsuchung, sein Haus umzuräumen habe.

Ich verstand seinen Unmut gut. Handwerker sind so etwas wie Zahnschmerzen, nur lauter und schmutziger. Anderen gegenüber treten sie stets unsportlich in Überzahl auf, sonst könnten solche Flaschen auch niemals eine Partie gewinnen.

In der Erinnerung an meine hausbauenden Eltern und ihre Malessen mit Handwerkern fiel mir ein Refrain ein: Gestern, heute, morgen / Sorgen, Sorgen, Sorgen.

Das schrieb ich dem Freund aber nicht; er war ja schon niedergeschlagen und brauchte nicht noch eine schnippische oder naseweise Bemerkung obendrauf, sondern bedurfte des Trostes. So trug ich ihm an, er könne die Herren Maurer, wenn sie vier Stunden oder drei Tage zu spät einträfen, mit dem Kalauer »Pünktlich wie die Mauren« begrüßen. Und dann, in ihre verständnislosen Gesichter hinein, knochentrocken ergänzen: »Vor Wien.«

Falls sie aber tatsächlich zur vereinbarten Zeit einträfen, möge er ihnen doch mit den Worten »Pünktlich wie die Mauer« die Pforten öffnen. Die Gefahr, dass sie den einen oder den anderen Witz verstünden, sei in jedem Fall äußerst gering.

Noch bevor ich meinen Brief abschicken konnte, bekam

ich eine postscriptale Ergänzungsmail des Freundes, die er allerdings »Nail« nannte. Sein Verschreiber bescherte mir hohes Entzücken, denn viele Mails sind tatsächlich fiese Nägel oder aus den Nagelstudios der Welt nach 1989 abgesendet.

Der Freund berichtete mir sein Leid. Die Maurer seien pünktlich gewesen und weit in der Mehrzahl, wenn auch seltsamerweise sehr nett im Auftreten; sein Haus aber sei nichts als umbauter Dreck.

Es ist Ostern, schrieb ich ihm zurück, und im christlichen Abendland wird man zu Ostern genagelt, auf die eine oder die andere Weise. Glaube mir, ergänzte ich in christlich anmutender Tücke, so ist es hier nun mal geregelt. Ich kenne mich aus mit diesen Schmerzen. Sieh mich an, ich bin Jesus in dick.

Blasphemie?

Was ist eigentlich Blasphemie? Wenn einer »Gottverdammt« sagt oder »Gottverflucht«? Wenn Nina Hagen Friedrich Nietzsches »Gott ist tot« zitiert? Wenn ein Achtjähriger Verse wie diese von sich kräht: »Allah ist groß, Allah ist mächtig, wenn er auf den Stuhl steigt, ist er Einmetersechzig«?

Gesetzt den Fall, Gott existierte; würde ihn interessieren, was die Leute über ihn reden? Kaum vorstellbar. Anders verhält es sich, wenn Gott eine Erfindung oder eine Projektion ist von Menschen, die mit sich und ihrem Leben alleine nicht zurande kommen und an Autoritätsgläubigkeit leiden. Teil ihrer Zwangsvorstellung ist, dass der von ihnen halluzinierte Gott auch von jedem respektiert werden müsse, der diese Vorstellung nicht teilt; tut er es nicht, dann darf man ihn, den Ungläubigen, der seinen Unglauben womöglich auch noch freimütig bekennt, dafür zur Rechenschaft ziehen und ihn bestrafen, sogar mit dem Tod.

Als der Schriftsteller Salman Rushdie in seiner Phantasie dem Propheten Mohammed sinnliche Vergnügungen gönnte, wurde er dafür von der islamischen Inquisition zum Tode verurteilt. Der Katholik Martin Mosebach »will nicht verhehlen, dass ich unfähig bin, mich zu empören, wenn in ihrem Glauben beleidigte Muslime blasphemischen Künstlern – wenn wir sie einmal so nennen wollen – einen gewaltigen Schrecken einjagen.« Das schrieb Mosebach wörtlich und ergänzte: »Es wird das soziale Klima fördern, wenn Blasphemie wieder gefährlich wird.«

Wenn islamische Klerikalfaschisten unmissverständlich zum Mord aufrufen und mit der Aussetzung von Kopfgeldern zum Mord anstiften, dann handelt es sich dabei, unaufgeregt gesagt, um Straftaten, mit denen Martin Mosebach offen sympathisiert: »Ich begrüße es, wenn es in unserer Welt wieder Menschen wie Jean Jacques Rousseau gibt, für die Gott anwesend ist.«

Ob umgekehrt Gott die Anwesenheit von schwach denkenden, voraufklärerischen Ödemeiern und Drögebäckern begrüßte, nur weil sie ihm schwärmerisch schmeicheln, kann nicht ermittelt werden. Es ist Glaubenssache. Ich glaube nicht, dass Gott, so es ihn gäbe, sich für irgendeinen Repräsentanten des Katholizismus interessierte, selbst dann nicht, wenn er, wie Mosebach, den ganzen Quatsch ganz furchtbar ernst und ehrlich meint und nicht bloß einer der Feuilleton-Einstecktüchleinkatholiken ist, die aus Langeweile an sich selbst anderer Leute Blut fließen sehen möchten.

Relativ wahrscheinlich scheint mir dagegen, dass Herr Mosebach, der im Zusammenhang mit Blasphemie von »Ungezogenheit« spricht, dieses Wort dem Milieu der Domina-Studios entlehnt hat, die unter Hardcore-Katholiken ihre treueste und anhänglichste Kundschaft finden. Ich glaube zwar nichts, aber doch an dieses Eine: dass Sprache nämlich verräterisch ist, möchte diesen Glauben aber Herrn Mosebach nicht aufzwingen. Schließlich ist der Mann Büchnerpreisträger und muss als solcher, siehe auch Wolf Biermann, Durs Grünbein, den 1. FC Delius oder Tidele Hümsenpümsen aus Hameln, von Sprache nicht das Geringste verstehen.

PS: Nichts Gutes ist über Islamisten zu sagen, auch mir fällt zu den salafimosegesteuerten Herren nichts Erfreuliches ein; sie sind zweifellos eine Geißel der Menschheit. Da ich in einem Teil der Welt lebe, der von 2000 Jahren organisiertem Christentum verwüstet worden ist, wäre es aber schäbig und feige, mit dem Finger auf islamgläubische Fanatiker zu zeigen, statt sich den hiesigen zu widmen, den Christianisten.

Islamisten und Christianisten unterscheiden sich in Haar- und Barttracht, in der Wahl ihrer Kleidung und ihres Schuhwerks, in Sprache und Gebräuchen und in Details ihrer religiösen Folklore. Innen aber sind sie gleich hohle Napfsülzen, deren Existenz nur ein Ziel kennt: die weltanschauliche, politische und auch ganz persönliche Unterdrückung anderer zur Mehrung der Macht ihres eigenen Vereins.

Ihre Mittel reichen von falschen Versprechungen über Einschüchterung, Bedrohung, demagogische Beseppelung und Kujonierung bis hin zum Analpfadfindertum, zur seelischen und physischen Erniedrigung und sogar Vernichtung. Genau das sind die »christlichen Wertvorstellungen« von denen Christianisten schwärmen. Eine menschliche Würde existiert für Nichtmitglieder ihres eigenen Klüngels nicht, und wer nicht glauben will, muss eben fühlen, damit er nicht denkt.

Der katholischen Kirche läuft zwar das große Publikum davon, aber die zurückbleibenden Anhänger radikalisieren sich. Das war ganz im Sinne ihres früheren und im Jahr 2013 zu einem Kasten Klosterfrau Melissengeist verdunsteten Anführers Benedikt Ratzinger, der, bei allem massenmedialen Lieber-Onkel-Getue, mehr auf einen kleinen Kreis von Fanatikern setzte als auf eine größere Herde von Mitläufergläubischen.

Die Aufklärung ist um ein Vielfaches jünger als das Christentum, und die christliche Gehirnwäsche sitzt tief. Dass man einen zum Angriffskrieg predigenden Protestanten wie Joachim Gauck oder den bayerisch-römischen Oberratzen Benedikt nicht in eins der Verliese sperrt, in denen gute Christen wie sie über

Jahrhunderte Menschen erniedrigen ließen, ist für manchen schwer zu begreifen; es ist ja auch nicht streng logisch. Aber eine Aufklärung, die ihre barbarischen Feinde gleichfalls barbarisch traktierte, wäre keine; der Humanismus macht den Unterschied. Man kann das auch ganz persönlich zum Ausdruck bringen: Wenn der Christianist Martin Mosebach noch so eindringlich um Schläge bettelt, wird jeder aufgeklärte Humanist ihm diese Befriedigung verweigern. Das wird dem Maso Mosebach wehtun, aber damit muss er leben.

Simsalafismus

Die verständliche Abneigung gegen Religion schlägt in Blindheit um, wenn zwar die Religion der anderen zu Recht als Bedrückung abgelehnt, eine eigene aber für einzig wahr und richtig ausgegeben wird. Die Zeilen »Mohammed war ein Prophet, der von Fußball nichts versteht« aus der Vereinshymne des FC Schalke 04 sind sachlich richtig und angenehm milde despektierlich gemeint; rund wird die Sache, wenn man hinzufügt: »An Jesus kommt keiner vorbei, außer Stan Libuda.«

Christen, die den Islam schmähen, sind so langweilig-beschränkte Parteigänger wie Muslime, die das Christentum scheiße finden. Beide sind sie so intelligent wie 14jährige Bengels beim Schwanzvergleich, anders als die Nichtvolljährigen aber nicht entschuldigt. Religiöser Konkurrenzkrakeel potenziert die aggressive Dummheit, die aller Religion innewohnt und belästigt darüber hinaus all jene, die ohne religiösen Eifer und Missionierungsdrang durchs Leben kommen.

Agnostiker sind in der Regel tolerant und freundlich, ihr Spott über die Gläubischen jeder Couleur ist verbaler oder künstlerischer Natur und nicht handgreiflich. Obwohl ihre Lebensqualität durch die turnusmäßigen und massenhaften religiösen Verrichtungen der Gläubischen eingeschränkt wird, fangen sie keinen Krieg an. Krieg ist Sache der Gläubischen, deshalb reden sie immerzu von Frieden.

Einem Salafisten nicht zu gestatten, Personal für die Verwirklichung seiner Kopf-ab-Träume zu rekrutieren, ist richtig. Wenn zur selben Zeit ein zum Präsidenten bestallter Berufschrist das Verrecken für Gott und Vaterland verherrlichen darf, wobei Vaterland und Gott zeitgemäß »Freiheit und Verantwortung« heißen, ist der Antisalafismus nur Simsalabim mitsamt der üblichen christlichen Heuchelei.

Für Salafistfucker aller Art muss gleiches Recht gelten, ob sie sich nun auf den Islam berufen oder aufs Christentum.

Betropetzt wie Jogi Gauck

Auf der Zugfahrt von Villach nach Salzburg las ich den Wiener *Standard*; in der Kommentarspalte hieß es: »Angela Merkel ist eine Politikerin, die sich meistens gut im Griff hat. Doch beim ersten Rededuell mit SPD-Kanzlerkandidat Peer Steinbrück im Deutschen Bundestag sah sie phasenweise so betropetzt drein wie Bundestrainer Jogi Löw nach dem blamablen 4:4 der deutschen Nationalmannschaft gegen Schweden.«

Ich stutzte. Zwar wurde und wird Hans-Hubert Vogts in Deutschland allgemein »Berti« genannt, und das auch von Leuten, die ihn gar nicht persönlich kennen, und Joachim Löw muss hierzulande offenbar ebenso mit dem öffentlichen Zwangsdiminutiv leben und »Jogi« heißen. Aber dass Löw auch in einer österreichischen Tageszeitung »Jogi« genannt wird, erscheint eher seltsam. Wurde Österreich schon wieder an die deutsche Dummheit angeschlossen?

Warum sagen und schreiben Journalisten »Jogi«? Weil der Verniedlichungsjournalismus im Erfolgsfall Nähe und Kumpeligkeit suggeriert, bei Misserfolg aber sofort in Despektierlichkeit umschlagen kann; das ist dann keine Frage des Wortes, sondern ausschließlich eine des Tonfalls.

Zu diesem sich nach allen Seiten absichernden Mehrzweckjournalismus gehört auch, dass die Anwanz-oder-Arschtritt-Vokabel »Jogi« niemals auf einen Joachim angewendet wird, dem sie doch ganz angemessen ist: Joachim Gauck. Ein Journalismus, der auf sich hielte, würde immer von einem Bundestrainer Joachim Löw und von einem Bundespräsidenten Jogi Gauck sprechen. Ich bitte die Kolleginnen und Kollegen, diese Anregung aufzunehmen.

Dass laut *Standard* Angela Merkel »so betropetzt dreinsah« wie Joachim Löw, gefiel mir im Gegensatz zur »Jogi«-Sagerei gut, denn das Wort »betropetzt« hatte ich noch niemals gelesen oder gehört. Was es wohl bedeuten mochte? Man kennt den Petrodollar, den Meister Petz und die Petze, aber was ist »betropetzt«?

Ich bat den Schaffner um Auskunft. »Naa«, sagte er mit österreichischem Zungenschlag, »betropetzt, des kenn i net.« Rat wusste dann das österreichisch-deutsche Sprachlexikon. Betropetzt heißt bestürzt, konsterniert, niedergeschlagen, und genau so lugt der deutsche Bundespräsident Gauck aus der Wäsche, wenn er weiß, dass er ab sofort nur noch Jogi heißt.

Maggi fix und Kruzifix

Deutschland war im Beschneidungsfieber im Sommer 2012: Vorhaut, Vorhaut, Vorhaut, und immer an die Leser denken, tönte es aus der Presse. Wir aber fragten investigativ nach: Was geschieht mit all den chirurgisch entfernten Hautkringeln? Werden sie auf alt getrimmt und als Vorhäute Jesu in den Reliquienhandel eingespeist, um frommen Katholiken und Pilgern zur Anbetung zu dienen?

Teilweise ja, sagt Monsignore Björn Bullemann vom Erzbistum Köln. Der Handel mit Präputien sei konstant schwunghaft, man bediene sich vor allem bei Vorhäuten, die aus medizinischen Gründen entfernt werden. Bei Vorhautengpässen greife man allerdings auch auf Material zurück, das Knaben aus religiösen Motiven abgeschnippelt wurde. »Das machen wir aber heimlich«, sagt Monsignore Bullemann. »Dem Herrgott ist das wahrscheinlich egal, aber unsere Kundschaft ist pingelig und besteht auf christlicher Vorhaut.«

Für ein kirchlich beglaubigtes Präputium Jesu muss ein Gläubischer tief in die Tasche greifen: Vier-, manchmal sogar fünfstellige Summen werden aufgerufen. Doch was wird aus den Vorhäuten, denen keine religiöse Karriere beschieden ist? Stimmt das Gerücht, dass sie als Tintenfischringe angeboten werden? Professor Walter Tönnies vom Uni-Klinikum Aachen erklärt: »Wenn wir Fimosen operieren, dann heißt das bei uns Calamares-Tag.« Das sei zwar »nur ein Scherz unter Kollegen«, schmunzelt der Mediziner, aber denkbar sei das schon.

Die Spur führt uns zur Firma Maggi. Im Versuchslabor der Lebensmittelchemiker werden wir fündig. Vorhaut-Calamares kommen in den Varianten »nature« oder in Bierteig als Tiefkühlkost auf den Markt, und die Produktlinie Maggi fix hat die »Sauce Kruzifix« entwickelt, auf die Maggi-Cheftester Dr. Rüdiger Schmacko durchaus stolz ist: »Sauce Kruzifix«, sagt er mit einem feinen Lächeln, »schmeckt nach Haupt voll Blut und Wunden und hat im Abgang eine dezente Holznote.«

Früher, erzählt Schmacko, seien die frittierten Vorhäute im Gottesdienst auf Oblaten gereicht worden, für den schnellen Glauben zwischendurch. Mit »Sauce Kruzifix« aber könne die katholische Hausfrau die Tintenfischringe als vollwertige Mahlzeit auf den Tisch bringen, das sei eine große Erleichterung.

Das sei es ganz gewiss, bestätigen wir schnell und sind erleichtert, diesen Jünger Dr. Frankensteins zu verlassen. Das Rätsel um die Vorhäute in Deutschland ist gelöst, doch um welchen Preis! Werden wir jemals wieder Calamares essen können, ohne uns zu fragen: beschnitten oder am Stück?

Präsidialnekrophilie

Der Pastor Gauck muss sich wohlgefühlt haben, als er am 12. Juni 2012 die Führungsakademie der Bundeswehr in Hamburg besuchte.

Soldatenminister de Maizière und eine Ehrenformation des Wachbataillons hatten ihn begrüßt; nach so viel militärischem Zeremoniell ließ sich der Bundespräsident nicht lumpen und setzte in seiner Rede noch einen drauf.

Auf seine rhetorischen Lieblingslegosteine »Freiheit« und »Verantwortung« verzichtete Gauck selbstverständlich nicht, doch bei diesem Auftritt führte er so pathetisch wie brutal aus, was genau er damit meint. Die höchste Stufe seiner Freiheit-und-Verantwortungs-Existenz erreicht der Mensch laut Gauck, wenn er »das Äußerste, was ein Mensch geben kann«, dann auch hergibt: »das Leben, das eigene Leben«.

Ob die anwesenden Soldaten Gaucks Begeisterung für den ihnen zackzack zugedachten Heldentod teilten, ist nicht überliefert. Der Bundespräsident zeigte sich geradezu verknallt in »deutsche Gefallene«, die »für unsere glücksüchtige Gesellschaft schwer zu ertragen« seien. Tote stehen Gauck offenbar weit näher als Lebende, die er für krank erklärt, für suchtkrank nach Glück.

Gauck ließ keinen Zweifel daran, dass er sich auf Soldatenbegräbnisse freut, und keiner seiner Gastgeber war unhöflich genug, daraufhin von der Dienstwaffe Gebrauch zu machen. Der nekrophile Pastor macht nun mal so gern staatsmännische

Figur beim Sprechen, und Soldaten lassen sich eben nicht nur mit Sold bestechen, sondern auch mit der Lüge von ihrem ehrenvollen Tod.

Kukenil oder Enilkuk?
Nachrichten aus Gauckistan

Religionsfreiheit wird häufig missverstanden als das Recht, andere mit seinen religiösen Empfindungen zu belästigen und ihr Wohlbefinden durch den Vollzug religiöser Folklore wie Glockenbimmeln oder Muezzinalgeschrei einzuschränken. Es ist aber das Gegenteil der Fall: unter zivilisierten Menschen bedeutet Religionsfreiheit die Freiheit, unbehelligt von religiösen Verrichtungen aller Couleur leben zu können. Mit der Religion kann es jeder halten wie ein Dachdecker, und selbstverständlich auch so wie ein Dachdecker aus dem Saarland.

Davon weiß Joachim Gauck nicht nur nichts, er lebt auch dafür, nichts davon wissen zu wollen. Das ist die Freiheit, von der er immerzu spricht: die »Ermächtigung« dazu – er sagt tatsächlich »Ermächtigung« –, den zivilisierten Landesbewohnern, die es noch gibt, mit theologischem Genöcke lästig zu fallen. Freiheit von Gauck ist aber die Freiheit, von Leuten wie Gauck nicht mit patriarchalen Pflichtermahnungsphrasen vollgesprochen zu werden.

Da er das von alleine – er würde sagen: »aus seinem Innersten heraus« – nicht weiß, kann man so großzügig sein, ihm das zu sagen, obwohl er es nicht hören wird. Schon lange vor dem präsidialen Amtsantritt war er als Penetrator auffällig geworden; seit dem 18. März 2012 fühlt Joachim Gauck sein Lieblingsgefühl: Er fühlt sich ermächtigt. Es klingt, als hätte er sich selbst als Ei gelegt.

Während das Huhn als solches Gack-Gack kräht, produziert

die Redaktion von *Bild* ein kollektives Gauck-Gauck, wenn sie ein ganz besonders faules Ding ausbrütet. »Deutschland gauckt«, schrieb *Bild* und beugte die Sprache, bis sie brach: »Jetzt gauckt's los«. Mit der Zeile »Der Gauckdown läuft« war das Endstadium erreicht. In jeder Legehennenbatterie geht es intelligenter zu als in der Redaktion von *Bild*.

Das Klassenziel aber ist erreicht: Der protestantische Nussknacker Gauck legt reichlich die Hand aufs Herz. Das Heucheln ist ihm so zur Natur geworden, dass er es selbst ganz ehrlich für ehrlich hält. Wenn es aus Gauck spricht – und es spricht viel –, erinnert das in bemerkenswerter, nur von Gauck selbst nicht bemerkter Redundanz daran, dass ein Präsident aus den Worten präsenil und Kukident zusammengebacken wird. Interessant daran ist vor allem die Frage, was aus den Wortrestbeständen »enil« und »Kuk« wird. Enil und die Detektive spielen Horch und Kuk?

Joachim Gauck ist der Heinrich Lübke des Ostens. Er ist ein Mann aus braunem Hause und vertritt das als gute antikommunistische Tradition; das hat in Deutschland noch keiner Karriere geschadet. Was immer Gauck in seiner Zeit als Enilkuk- oder Kukenil-Präsident von sich geben wird, *Bild* wird ihm dafür »Würde« bescheinigen, denn mit der menschlichen Würde kennt das Blatt sich aus. Wenn 22 Kinder tödlich verunglücken, hat *Bild* aber sowas von fix »alle Fotos, alle Videos, alle Infos« und »die ganze Trauer« parat. Schließlich gibt es eine Informationspflicht, und welche Information verkauft sich besser als Emotion? Genau deshalb legt Joachim Gauck so gern die Hand aufs Herz, ganz ehrlich.

Handelt es sich um ein Fahrrad?
Zum 100. Geburtstag von Flann O'Brien

Der 100. Geburtstag von Flann O'Brien wurde ein wenig vorverlegt. Zu Ehren des irischen Schriftstellers, der am 5.10.1911 zur Welt kam und von seinen Eltern den Namen Brian O'Nolan erhielt, wurde bereits am 23.9.2011 sein Roman »Der dritte Polizist« vorgelesen, und das erstens in der deutschen Übersetzung von Harry Rowohlt, zweitens in voller Länge von 16 Uhr nachmittags bis knapp 3 Uhr morgens, drittens in der Hamburger Fabrik und viertens von einem guten Dutzend Vortragerinnen und Vortragern, zu denen auch Nikolaus Heidelbach gehören sollte, dessen Fehlen Harry Rowohlt so erklärte: »Nikolaus Heidelbach hatte, bitte lachen Sie nicht, einen Fahrradunfall.«

Die Bitte ums Nichtlachen versteht, wer Flann O'Briens Buch »Der dritte Polizist« kennt, in dem Fahrräder eine gewaltige Rolle spielen und in dem beispielsweise die Nachricht über eine gestohlene Uhr polizeilicherseits so quittiert wird: »Warum sollte jemand eine Uhr stehlen, wenn er ein Fahrrad stehlen kann?« Man könnte das Buch mit Recht als *den* Fahrrad-Roman schlechthin bezeichnen, wenn das nicht so viele andere Topoi dieses ausufernden Textes unterschlüge und nicht auch womöglich ein Biker-Publikum anzöge, das sich später zu Recht düpiert sähe. Wer sich für Apothekenrundfahrten wie die Tour de France interessiert, ist nicht unbedingt auf Fragen vorbereitet, wie sie Flann O'Brien seinen Figuren in den Mund legt: »Trifft es zu, dass Sie ein ambulanter Dentist sind und mit einem Dreirad hierhergefahren sind?«

Verehrer der irischen Literatur haben über die Schriften Flann O'Briens behauptet: »So hätte James Joyce geschrieben, wenn er nicht bescheuert gewesen wäre«, manche nennen ihn auch »the drinking man's Joyce«. Man kann eine Schwangerschaft eine Schwangerschaft nennen; Flann O'Brien nannte sie im »Der dritte Polizist« den »Zustand sehr fortgeschrittener Sexualität«. Wenn ölschwarzes Guiness und bernsteinfarbener irischer Whiskey die Taufpaten solcher Formulierungen sind, haben Schriftsteller Grund zum Trinken.

Getrunken wurde am vorgezogenen hundertsten Geburtstag kaum; es sollte ja eine schöne Lesung geben und keine Lallung. Einer der Vorleser, Harald Martenstein, schrieb später im *Tagesspiegel* über seine Rolle: »auch der Autor dieser Zeilen durfte sich als Rezitator versuchen«.

Demonstrative Bescheidenheit ist die höchste Stufe der Prahlerei. Den Meister in dieser Disziplin fand man auf dem Plakat des veranstaltenden »Harbourfront Festivals«: »Meine alte Olivetti ist Zeuge, wie fleißig ich lüge und von Fassung zu Fassung der Wahrheit um einen Tippfehler näher bin.« Das hat Günter Grass nicht einfach nur getippt, das hat er – tätä! – a-qua-rel-liert.

So hätte Flann O'Brien geschrieben, wenn er bescheuert gewesen wäre.

Rad & Rhetorik

Neben den Friseuren, die der Welt Geschäftsnamen wie »Hairy up« bescheren, drehen auch die Besitzer von Fahrradläden am Rad. Als eine Berliner Fahrradwerkstatt sich »jeht nich, jibs nich, hamwanich« nannte, fand ich das noch lustig; bei »Rad & Tat«, »RadSchlag« oder »RadLos« wird es dann schon sehr bemüht und bräsig, und der Hinweis »Hier ist guter Rad nicht teuer« zieht nicht nur den Freunden von Orthographie und Grammatik vollends die Schuhe aus.

Wo immer Zwanghaftigkeit sich austobt, sind der Steigerung von Irrsinn keine Grenzen gesetzt. Wie wäre es mit dem proletarischen »Arbeiter- und Soldaten-Rad«? Dem »RevolutionsRad«? Oder, für die eher an Goethe orientierte Kund- und Radfahrerschaft, mit dem »GeheimRad«?

»Radalbert Stifter« und »RadEtzky« importieren Räder aus Österreich, frankophile Fahrradfahrer wissen das »Radatouille« zu schätzen, das im Deutsch-Fränkischen sogar als »Radadouille« Erfolge feiern kann. Das »Radieschen« ist auf Kinderräder spezialisiert, während das »Rad der Weisen« seine Kundschaft unter rüstigen Greisen sucht. »Radmandu« bietet Trekking-Touren an, Christen kaufen gerade zu Weihnachten im »Mein Schöpfer reich von Rad«, und am Abend treffen sich alle im »Rad ab«, auf Einladung der Firma Radeberger.

Porträt des Fahrradfahrers als Bessermensch

Wenn die Päderastentraumfrau Katie Melua ihr Lied »Nine Million Bicycles« plärrt, denken alle deutschen Hörer an Münster. Denn die vollverklinkerte westfälische Universitätsstadt bringt es mitsamt allen Eingemeindeten und Studenten zwar nur auf gut 280.000 Einwohner; von denen aber fahren neun Millionen Fahrrad, haben immer Vorfahrt und immer Recht.

Das ist bedauerlich, denn Fahrradfahren ist eine schöne Sache, Rechthaben dagegen ist ziemlich langweilig und kann schnell pathologisch werden. Wenn ein Radler zu einem Rechthaberbiker mutiert ist, hat der Spaß für alle anderen ein Ende. Denn der Zweiradrechthaber ist kein Verkehrsteilnehmer, sondern ein Bessermensch, für den ausschließlich seine eigenen Regeln gelten.

Durch die Lawine der Automobile schießt er links-rechts kreuz und quer; rettet ihm ein umsichtiger Autofahrer durch In-die-Eisen-Steigen sein Leben, steigt der Rechthaberbiker vom Rad, tritt oder schlägt das verhasste Automobil nach Kräften und bebrüllduzt seinen Samariter: »Du Scheiß-Auto-Faschist!« Denn der Zweiradmensch darf alles, also auch von der Übersicht und Gnade anderer leben, sie dafür mit Dreck bewerfen und sie in Fassungslosigkeit stürzen.

Genauso selbstverständlich nutzt er in rasendem Tempo den Fußweg, der nicht ihm zukommt, sondern dem Fußgänger, den er aber zum Beiseitespringen nötigt, so der ihn überhaupt sehen kann, denn bevorzugt von hinten zischt der Radrechthaber um

Haaresbreite vorbei und zeigt dem Fußgänger, wenn der ihm ein »Hallo, geht's noch?« hinterherfragt, sofort den Mittelfinger oder schreit ihm im feigen Davonfahren fäkale Wörter zu.

Wer immer Recht hat, braucht auch kein Licht am Fahrrad, schon gar nicht im Dunklen; Passanten, die angefahren werden, sind selbst schuld, wenn sie die heranjagenden Schemen nicht sehen, und Kraftfahrer sind ja sowieso Nazis, das ist haarscharf klar und bedarf also keiner Begründung. In seinem Realitätsverlust- und Selbstbespiegelungswahn hält sich jeder egomane Rad-Autist für einen David im gerechten Kampf gegen Goliath, der sich schützen und verteidigen muss und in permanenter Notwehr lebt.

Deshalb hängen sich Rechthaberbiker auch Anhänger ans Rad, in denen sie ihre Kinder zwischenlagern. Die Anhänger sind zwar aus Kunststoff, damit es die Kinder im Sommer schön mollig warm haben, aber der Inhalt der natürlichen Knautschzone ist hundert Prozent Bio.

Sich selbst stülpen die Rechthaberbiker einen Helm über; wer wenig hat, dem ist das Wenige kostbar. Ist es also ein Indiz für eine kluge Bevölkerung, dass man in der Biker-Metropole Münster relativ wenige behelmte Zweiradfahrer sieht? Nein, leider nicht. Die Stadt Münster hat vielmehr ein dunkles Geheimnis: Wer in Münster lebt, bekommt seinen Kopf verklinkert; von innen, damit es nicht so auffällt.

Lob des Winters

Während ich bei bester Laune Weißwürste frühstückte, lamentierte ein Pärchen Mitte zwanzig am Nebentisch über den Berliner Winter. Grau und oll und matschig sei es, und es gebe auch kein Licht, maulte sie, er stimmte ein in die Litanei und fand, es sei alles »überhaupt nicht geil«. Ich sah kurz hoch und betrachtete die beiden Wetterfeen. Ich kannte sie noch vom vergangenen Sommer, den sie beide »extrem geil« gefunden und das auch jedem Fremden gezeigt hatten. Jetzt waren beide vollständig angezogen. Das war eine deutliche Verbesserung.

Ihm sei warm, sagte der junge Mann und begann abzulegen. Ich fürchtete schon das Schlimmste, aber so warm war ihm dann doch nicht, dass er mir wieder seine mannigfachen Tätowierungen und seine Brustspitzen- und Pimmelpiercings präsentierte wie im Sommer, als er und sie noch ganz selbstverständlich, also äußerst aufdringlich mit ihren demonstrativen Selbstverletzungen hausieren gegangen waren. Nur ein einziges Kleidungsstück hatte der Bengel im Sommer niemals abgelegt: seine viel zu große und zu weite, teekannenwärmerartige Mütze. Jetzt aber, im wegen des Winters etwas zu sehr geheizten Restaurant, zog er den Beschütze-mich-vor-der bösen-Welt-Selbstbemitleidungsstrickeimer vom Schädel und sah auf einmal beinahe menschenähnlich aus; ein Eindruck, der sich allerdings sofort verflüchtigte, als er den Mund wieder zum Sprechen öffnete.

Aber immerhin, dachte ich guten Mutes und munter weiterfutternd: beinahe menschenähnlich, das ist doch ein Anfang. Mehr darf man vom Berliner Winter auch nicht erwarten, das hieße ihn überfordern.

Russe oder Plastikpulle?
Was der deutsche Polizist auf dem Kopf hat

Nordrhein-Westfalen atmet auf: Jeder Polizist im Land bekommt seit Ende des Jahres 2012 eine zweite Wintermütze. Dabei stand der Streit um die zusätzliche Kopfbedeckung schon auf Messers Schneide; erst in einem Schlichtungsverfahren zwischen Polizei-Beschaffungsamt und Polizeigewerkschaft wurde die Anschaffung einer zweiten Mütze für jeden Beamten beschlossen.

Grund der Streitigkeiten war die Erbitterung vieler Polizisten über ihre bisherige Winterdienstmütze aus Fell mit Ohrenklappen, die von ihnen als »Russenmütze« angesehen und scharf abgelehnt wird. Denn ein bundesdeutscher Polizist trägt nichts Russisches. Während der ostdeutsche Uniformträger seine Fellmütze derb-liebevoll »Bärenvotze« nannte und sie sich als eine solche überstülpte, will der nordrhein-westfälische Wachtmeister nichts sibirisch Anmutendes am Koppe haben.

Sondern lieber »eine Variante aus Fleece«, wie ein Sprecher des Polizei-Beschaffungsamtes mitteilte, die allerdings »erst noch entwickelt werden« müsse. Fleece wird aus Plastikflaschen hergestellt; der Polizist in Nordrhein-Westfalen trägt lieber geschredderte Wasserpullen auf dem Kopf als etwas, das ihn an seine Vorstellung von Russland und den Russen erinnert, an den »Iwan, der über Alaska kommt«.

Die Insassen des Landstrichs NRW können durchschnaufen: keine russisch-asiatisch gekleideten Monster werden ihnen künftig gegenübertreten, sondern garagengepflegte kerndeutsche Plastikflaschenkopfbedeckungsträger, die es nicht nur schön warm um die Omme haben, sondern die auch modischer Chic umspielt. So fasst auch die fleecejackentragende deutsche Frau wieder Vertrauen in den Polizeibeamten, und der deutsche Fleecesweatshirtträger erkennt einwand- und russenfrei den Kameraden. Heißa, deutsche Polizei: endlich russenmützenfrei!

Oberst Kleinohrhase
Til Schweiger als »Schutzengel« in Afghanistan

Wenn einem deutschen Mann nichts Gescheites mehr einfällt, geht er nach Afghanistan und lässt sich dabei von *Bild* begleiten. Das galt für den Plagiator Karl Theodor zu Guttenberg, als er noch Verteidigungsminister genannt wurde, das gilt für deutsche Soldaten in Afghanistan, die allesamt als freiwillige Söldner dort sind, und es gilt für Til Schweiger, der im Herbst 2012 einen Film unter die Leute bringen musste: »Schutzengel« hieß er, und *Bild* fasst den Plot so zusammen: »Ein Afghanistan-Veteran schützt ein Waisenkind vor einer Killer-Armee.«

Als Partner für die erforderliche Reklame gewann Schweiger Thomas de Maizière, den amtierenden Verteidigungsminister, und so flog Schweiger mit der Bundeswehr nach Afghanistan, um zukünftigen Veteranen den Film schon mal zu zeigen. Minister de Maizière war sehr angetan und erwies sich in *Bild* als dankbar: »Nicht wir werben für Herrn Schweiger. Sondern Herr Schweiger macht Werbung für die Bundeswehr. Und er widmet diesen Film sogar den Soldaten, würdigt so ausdrücklich ihre Leistung. Das freut uns sehr.«

Auch der abgeschmackteste Lorbeer hat seinen Preis. In *Bild* veröffentlichte Schweiger ein dreifolgiges »Afghanistan-Tagebuch« und wurde im Gegenzug zum Mann, der in *Bild* nicht Hans Esser war, sondern im Gegenteil »Deutschlands Welt-Star« ist: »Til Schweiger reist in das Herz des deutschen Afghanistan-Einsatzes – nach Mazar-i-Scharif. Exklusiv für *Bild* notiert er seine Eindrücke und Gedanken. Es ist ein Dokument des Mitgefühls und des Respekts: ›Wir vergessen euch nicht!‹«

Das einfühlsame Dokument der Schweiger'schen »Gedanken« liest sich so: »Scheiße« (über die Hitze) und »beschissen« (über das Essen). Das ist genau der Latrinenton, der in Deutschland als »Klartext« bewundert wird. Weil sein Tagebuch aber auch Zeugnis ablegt »von Tränen und Wut«, einer Variation von »Wut und Trauer«, bekennt Schweiger: »Ich kämpfe mit den Tränen.« Denn der größte Feind des deutschen Soldaten in Afghanistan ist nicht »der unsichtbare Feind, der Taliban«, sondern die Träne, vergossen auf dem »Friedhof der Ehre«.

Selbstverständlich fehlen auch verletzte Kinder im Lazarett nicht; Schweiger kennt die Ingredienzien, aus denen der Landser-Sound zusammengemischt wird: rauhe Helden mit weichen Herzen, die von denen in der Heimat vergessen oder sogar verraten werden, Tote und Verletzte, hart im Winde knatternde Fahnen, und wenn nichts mehr geht, schickt man die Kinder rein. Kalkulierter lassen sich Gefühlssurrogate auch im Reagenzglas nicht erzeugen.

Werbung ist ein hartes Geschäft, in »Schutzengel« spielt auch Til Schweigers Tochter Luna mit; da weiß man, was gemeint ist, wenn »Familienwerte« beschworen werden. Ein deutscher Held allerdings fehlt in Schweigers »Afghanistan-Tagebuch«: ein gewisser Oberst Klein, ein mehr als hundertfacher Mörder an afghanischen Zivilisten, den man deshalb auch »Schutzengel« nennt und der zwei Jahre nach seiner Heldentat zum General befördert wurde.

Til Schweiger ist Oberst Kleinohrhase.

Medienpflicht zum Mordsgesicht
Breivik, Minkmar und die Vornehmheit der *FAZ*

Das Wort »Medienverantwortung« klingt stark nach Widerspruch in sich selbst. Medienverantwortung besteht vor allem darin, dass ein Medium dafür sorgt, als Medium wahrgenommen zu werden, und zwar mit allen Mitteln und um jeden Preis. Das ist jedenfalls die gängige Praxis, die von manchem allerdings als abstoßend empfunden wird, beispielsweise vom deutschen »Institut für Medienverantwortung« in Erlangen, das dazu riet, bei der Berichterstattung über den Prozess gegen den 77-fachen rechtsradikalen Mörder Anders Breivik nicht dessen Propaganda- und Inszenierungsplänen in die Hände zu spielen und deshalb darauf zu verzichten, Fotos von Breivik zu veröffentlichen.

Das ist schon deshalb nicht uneinleuchtend, weil seit den Mordtaten vom 22. Juli 2011 jeder Mensch mit Medienzugang weiß, wie Anders Breivik aussieht. Der »Informationspflicht«, auf die sich Medien immer dann explizit berufen, wenn sie besonders Widerwärtiges zu kommerziellen Zwecken breittreten, ist diesbezüglich also schon reichlich Genüge getan worden. Welche neuen oder zusätzlichen Informationen könnten weitere Fotos des Mörders noch liefern?

Den *FAZ*-Redakteur Nils Minkmar aber hat der Appell des Erlanger Instituts geärgert. Er fragt am 17. April 2012 im Feuilleton seiner Zeitung: »Werden Medien ihrer Verantwortung gerecht, wenn sie den Täter nicht abbilden, wenn sie also sein Bild für so stark halten, dass sie es der offenen Gesellschaft nicht zumuten können?« Nils Minkmar ist intelligent genug, um sich dumm stellen zu können; die falsche Frage ist Absicht. Es geht ja gerade nicht darum, dass die Bilder »stark« wären, sondern im Gegenteil darum, dass sie ohne jede Aussagekraft sind.

Hergestellt und gedruckt werden sie ohnehin massenhaft; kaum eine Zeitung in Deutschland verzichtete darauf, mit dem Prozess gegen Breivik und mit einem Foto von ihm aufzumachen. Die FAZ zeigte als Aufmacher einen Maschinenpistole tragenden Polizisten im Anschnitt; es sah sehr nach der Sorte Kino aus, die von den Vertretern der medialen Wirklichkeit besonders gern nachgeahmt und als Abbild der Realität verkauft wird. Auf Seite 25 derselben FAZ-Ausgabe liest sich das bei Nils Minkmar dann so: »Eine klare und schonungslose Berichterstattung in Wort und Bild, die Präzision darin, das ist die wirksamste Waffe der Medien, ihre vornehmste Aufgabe und im übrigen auch ihr Job.«

Das mit dem »Job« ist klar; die Rechtfertigung, dass er »nur seinen Job« mache, gehört zum rhetorischen Grundrepertoire jedes schäbigen Mitläufers, Schergen und Abnickers. Mit »schonungsloser Berichterstattung« und »Präzision« ist die journalistische Fähigkeit gemeint, dem Publikum das Gefühl zu geben, es sitze in einer Fernsehgerichtsserie und könne sich quasidemokratisch beteiligen, in welcher Rolle auch immer. Diese Simulation von Wirklichkeit ist aber noch nicht »die vornehmste Aufgabe der Medien«; richtig vornehm wird Journalismus erst, wenn er seiner Teilhabe am Sensationsgeschäft einen seriösen Anstrich gibt.

Ob ihm aber die Brown-nosing-Points, die Minkmar sammeln ging, eines Tages auch vergoldet werden? Das weiß man nicht, das fällt in die Medienverantwortung der FAZ-Herausgeber; das ist ihr Job, schonungslos, aber vornehm.

Badelatschen, Fragensschlappen

Im Sommer lässt die Fußbekleidung stark nach und zu wünschen übrig. Ungeniert zeigen Damen wie Herren ihre Mauken vor, notdürftig bedeckt nur von Flip-Flops, Badelatschen, Adiletten und ähnlichem Gewürg. Der deutsche akademische Austauschdichter Durs Grünbein macht die Mode mit und zwängt seine Quanten in Fragensschlappen ein. Fragensschlappen? Genau: Grünbein schenkte der *FAZ* »Die Morgenstern-Suite«, einen Eimer Kunsthonig über Christian Morgenstern, der bei Grünbein allerdings zu »Schaumstein« aufgeschäumt wird: »*Warum / Bleibst du nicht wie die andern stumm?*«/ *Mag Schaumstein fragen, fragensschlapp. / Dies unterbleibt. Er schweigt im Grab.*« Schreibt Grünbein, dem F.W. Bernstein schon vor Jahren den »Büchnergreis«-Preis verlieh und der nun in Fragensschlappen durch die Welt schlappt: fragensschlapp, schlapp-schlapp, schlapp-schlapp ...

Jewel Case

Jewel Case heißt auf Deutsch Juwelenkästchen; ein Jewel Case ist aber auch die Plastik- beziehungsweise Plaste-Verpackung für CDs, und zwar die billigste, die es gibt. Wenn man eine in einem Jewel Case verpackte CD per Post zugeschickt bekommt, und das in einem weich gefütterten Umschlag, ist die Verpackung entweder schon zerbrochen, oder sie zerbricht, sobald man die CD öffnet. Die kleinen Nupsis für das Auf-und-zu-Klapp-Scharnier gehen offenbar bei der geringsten Nutzung kaputt.

Zur Zerstörung einer Jewel-Case-Verpackung genügt aber auch, sie einmal auf einen weichen Teppich fallen zu lassen: Chrrrsspptt, und schon ist das Juwelenschatzkästlein hin. Falls das Jewel Case aber ganz bleibt, ist es nach etwa sechs Monaten durch Lichteinfall und Verschrammung blind geworden, schäbig und oll. So viel zu diesem Juwel unter den Lügenwörtern.

Der bekannte Judaismusforscher Jakob Augstein fand unterdessen heraus, dass Jewel etymologisch von Jew = Jude herkommt. Diese Entdeckung wirft noch einmal ein ganz anderes Licht auf die Juwel Cases dieser Welt: Jews, die in Juwels wühlen, quasi anthropologisch determiniert, und arme Deutsche, die von ihnen betrogen und instrumentalisiert, also quasi zur Arschgeige gemacht werden, wogegen sich tapfere Deutsche wie Grass und Augstein nach Jahrzehnten der Zinsknechtschaft aber endlich, endlich wehren.

Jakob Augstein, der visagistisch und vom Hemd-offen-Gestus

her dem mittleren Udo Jürgens immer ähnlicher wird, kommen die Ideen, die fixen, beim Wandern, und schuld sind immer die andern.

Von der Flying Pizza zum Mut-Institut
Ein Besuch in Güstrow

Die Ankunft im Altstadt-Ringhotel Güstrow machte uns mit den Gepflogenheiten der Mecklenburger Hotellerie vertraut. An der Eingangstür stand zu lesen: »Sehr geehrte Gäste! Bitte klingeln Sie einmal und wir sind in wenigen Minuten für Sie da!!!«

Sagenhaft: Schon in nur wenigen Minuten würden wir eintreten dürfen. Das waren gute Nachrichten, zumal es auch nur ein kleines bisschen regnete und wir nicht völlig durchweicht vor verschlossener Türe standen. Man kann aber nicht sagen, dass die Gastronomiearbeiter es sich selbst besser gehen ließen als ihren Gästen; Rezeption und Frühstücksraum befanden sich im Kellergeschoss, wo das Personal in einem müffelnden Odeur aus Speiseresten diverser Jahrzehnte und Toilettentrakt vor sich hin verdarb.

Wir gingen ein wenig durchs Städtchen. Feilgehalten wurde »Junges Eiweißbrot jetzt auch als Brötchen«; Eiweißbrot klingt nach Praktiken des Backens, denen man nicht näher auf den Grund gehen möchte, aber wenn schon Eiweißbrot, dann lieber junges als altes? Ach nein, die Bäckerei hieß Junge, so war das.

In der Güstrower »Genusswelt« wurden »Senfe« offeriert; dieser Plural hat Seltenheitswert. Ein »Flying Pizza«-Service warb mit dem Slogan »... Sie sitzen / wir flitzen ...«; schon wieder zeigten beseelte Amateure, was Poesie ist. Nimm das, Günter Grass!

Im Dom war Barlachs Skulptur »Der Schwebende« zu sehen; die Anführerin einer Besuchskleingruppe vertrieb uns mit Informationsgebrüll; obwohl Agnostiker, weiß ich Kirchen durchaus zu schätzen, unter anderem wegen der Stille, die üblicherweise in ihnen herrscht.

Und doch gibt es Hoffnung in und für Güstrow, denn in Güstrow ist auch ein »Mut-Institut« ansässig, in dem man Kurse in »Encouraging« belegen kann, um »sich selbst und andere zu ermutigen«, zu was auch immer; die »Ermutigungs-Trainerin« Marion Freudenberg vom »Mut-Institut« wird es möglicherweise wissen, aber sicher ist das in einem so windigen Gewerbe wie dem der »Ermutigung« naturgemäß nicht.

Für alle, die Güstrow verlassen müssen oder dürfen, bietet der Nahverkehr der Bahn »Betreutes Fahren« an.

Schippen, shoppen, floppen
Ein Besuch in Stuttgart

Stuttgart hat nicht nur die grün-rot durchgewinkte Großabgreifbaustelle »Stuttgart 21«; auch sonst werden jede Menge »Shopping Malls« errichtet. Das Gerberviertel muss unbedingt zu einem Kreditkartenfriedhof aufgerüstet werden, sonst geht es nicht weiter. An der riesengroßen Baustelle zeigt die Werbeabteilung schon mal, zu welchen Leistungen das menschliche Gehirn fähig ist, wenn man es nur lange genug zurichtet und drillt: »Heute: schippen. Morgen: shoppen. Hier wächst Stuttgart zusammen.«

Dafür studieren junge Menschen Kommunikationswissenschaft und Kommunikationsdesign: damit sie dann als Marketingtruppe zusammen wichsen. Das Ergebnis der kollektiven Anstrengung ist nicht nur »ein Ort, der die Stadt verbindet«, sondern einer, »der uns noch näher zusammenbringt.« Aber wozu wollen die PR-Söldner »noch näher zusammen« gebracht werden? Hundertprozentige Substanzabwesenheit lässt sich nicht mehr steigern.

Keine Stadt »wächst zusammen« durch die Errichtung eines Profitmaximierungsklotzes, die auch Werbetextern ermöglicht, durch Absonderung von Laich und Seich ihr Stückchen vom Kuchen zu ergattern: »Hier wachsen 24.000 m² Ladenfläche – für alle Bedürfnisse des täglichen Lebens genauso wie für exklusive Marken, die es in Stuttgart bisher noch nicht gegeben hat.« Es wäre ja auch schrecklich und geradezu unverantwortlich, den Stuttgarterinnen und Stuttgartern die Markenexklusivität von

Schischi vorzuenthalten, ohne den sie bislang vor sich hin vegetieren mussten.

Kein vernünftiger Mensch brauche eine Shopping Mall, hört man immer wieder. Das stimmt zwar, aber es gibt ja auch andere Lebewesen: Immobiliendealer, Bauunternehmensriesen, Hochpreisschrotthersteller, Wachdienstgrossisten und schmiergeldempfangsbereite Politiker. Sie alle sind auf Shopping Malls dringend angewiesen. Dafür lassen sie erst schippen und dann shoppen. Die Frage aber bleibt bestehen: Warum nur lässt man sie nicht endlich floppen?

Marriott

Lindsay Marriott ist der Name eines sehr parfümierten Mannes in Raymond Chandlers großem Kriminalroman »Farewell, My Lovely«, der 1975 mit Robert Mitchum und Charlotte Rampling verfilmt wurde und bis heute als einer der schönsten Stoffe des Genres gerühmt werden darf.

Unrühmlich dagegen ist die Rolle, die Lindsay Marriott in »Farewell, My Lovely« spielt, und so geht die halbseidene Gestalt auch recht bald und ziemlich unschön über den Jordan. Das fiel mir ein, als ich nachts in einer Filiale von »Marriott Hotels & Resorts« um ein Zimmer bat. Es sei gerade Messe in der Stadt, ein Einzelzimmer könne man mir für 229 Euro anbieten, sagte der Mann hinter dem Hoteltresen.

Seitdem die FDP den Hoteliers des Landes die Umsatzsteuer von 19 auf 7 Prozent gekürzt hat, verströmen alle männlichen beziehungsweise halbmännlichen Hotelangestellten eine Aura, als seien sie aus Philipp Rösler geklont worden; in der Politik werden keine Geschenke gemacht, und das ist eben der Preis.

Da in der Stadt um die Uhrzeit nichts anderes mehr zu haben war, biss ich in den schmutzigen Apfel und bezog ein Zimmer, in dem ich durchaus Tennis hätte spielen können, nur mit wem und warum? Auf dem Schreibtisch fand ich eine gedruckte Nachricht von Lindsay Marriott.

Die Überschrift lautete »Engagement für Nachhaltigkeit«. Was danach kam, war nicht weniger phrasengesättigt gelogen. »Umweltgerechtes Handeln ist uns eine Herzenssache. Bei der

Umsetzung ökologischer Maßnahmen sind wir jedoch auf Ihre Mithilfe angewiesen. Gemeinsam können wir viel erreichen.«

Ebenso wenig, wie ich mich zum »Mitbürger« degradieren ließe, wie sich das »ausländische Mitbürger« oder »behinderte Mitbürger« anhören dürfen von Leuten, die für sie sprechen, ohne ihnen jemals zugehört zu haben, würde ich jemals »Mithilfe« leisten, sondern nur Hilfe. Ich bin seit meinem Zivildienst Arbeiter-Samariter, auf »Mithilfe« ist da gepfiffen, und außerdem gibt es da ja noch den Song von Billy Swan: »I can help«, und wer »two strong arms« hat, weiß, wie er der Firma Marriott helfen kann: erwürg, erwürg, erwürg.

Bei Marriott heißt genau das allerdings »spirit to preserve«, also erst den Sprit, dann das Präservativ, und dann die Bettwäsche und die Handtücher nur alle paar Tage wechseln, dann wird »this world a better one«, für 229 Euro am Tag, und das Zimmermädchen bekommt einen Euro fünfzig pro Zimmer, das ist der »spirit to preserve«, bei dem man »mithelfen« darf. Was daraus wird, hat Lindsay Marriott vorgemacht.

Slow

Der Biometzger, der seine Ware zu Goldpreisen verkaufte, tranchierte sie so langsam, dass ich ihn Eric Clapton taufte, Slowhand, der unplugged mit »Leyla« im Schaukelstuhl saß. Ihm bei der Arbeit die Schuhe zu besohlen oder Hosenknöpfe anzunähen, hätte einer Urgroßmutter keine Mühe bereitet.

Ich bin entschieden gegen affig inszenierte Hektik und überflüssigen Stress bei der Arbeit; wenn einer nichts machen will, dann soll er einfach nichts machen, das macht doch nichts. Dummerweise kommt man mit So-tun-als-ob aber weitaus weiter, und so säbelte der Metzger sich einen selbstgefälligen Wolf.

»Jetzt weiß ich endlich, was ›Slow Food‹ heißt«, sagte die Frau hinter mir und verzog sich. Der Metzger, der sich beim Schneiden von vier Rouladen zwanzig Minuten lang verausgabt hatte, bot mir ausgepumpt das Ergebnis seiner Schwerarbeit an.

»Danke, aber das ist jetzt leider schon von vorgestern«, sagte ich und machte mich grußlos davon.

Trierer Röcke

Auf der Wetterkarte der *jungen Welt* ist Trier als Mittelpunkt der Welt zu sehen, und der Strom der Pilger, die sich zum Trierer Geburtshaus des Weltanschauungsstifters Karl Marx aufmachen, reißt nicht ab. Wenn, wie im Jahr 2012, besondere Reliquien des Philosophen ausgestellt werden, wälzen sich Menschenmengen durch die Straßen Triers, stehen stundenlang Schlange, litanieren berühmte Zeilen aus dem Werk des Denkers und huldigen ihm durch den Erwerb von Devotionalien, die in heutigem Deutsch »Fan-Artikel« genannt werden.

Geradezu magnetisch angezogen werden die Besucher von der Ausstellung »Trierer Röcke – Karl Marx und die Frauen«. Zu sehen sind sämtliche Röcke, hinter denen Karl Marx Zeit seines Lebens her war. Marx war, wie man so sagt, »ein scharfer Gänger« und wie auch sein Kollege aus Nazareth den Frauen zugetan. Doch anders als Marx ist Jesus heute in Vergessenheit geraten; wenn an zwölf verschiedenen Orten der Welt die jeweils einzig echte Vorhaut Christi ausgestellt wird, lockt das kaum noch Leute an; dem heiligen Präputium gebricht's an Publikum.

Während Tausende zum Geburtshaus von Karl Marx strömen, sieht man auch ein paar einsame, versprengte Christus-Fans in Jesuslatschen zu Jesus latschen, in den Trierer Dom, wo der Heiland rockt. Die Musik aber spielt anderswo: unter den Trierer Röcken von Karl Marx.

O Grusel der Seligkeit
Dresden hatte Kirchentag

Wann immer ich von organisierten Christen angesprochen wurde in meinem Leben, beschlich mich ein seltsames Gefühl. Die sind schon irgendwie freundlich, dachte ich, aber nicht einfach nur so, die wollen etwas von dir. Irgendetwas stimmt mit denen nicht; die sehen so bieder aus und kommen so pseudosanft rüber, aber dann werden sie übergriffig und besitzergreifend. Gibst du ihnen den kleinen Finger, nageln sie dir irgendwann beide Hände ans Kreuz.

Warum wollen Christen so vieles wissen, das man allenfalls privat und nur absolut freiwillig erzählt? Und dann sind sie auch noch so seltsam gesellig, als müssten sie sich immerzu wechselseitig ihrer Existenz versichern. Bei Christen heißt das Zusammenglucken allerdings salbungsvoll »Gemeinschaft«; ständig lächeln sie dich an und locken mit dem Finger: Komm zu uns, wir beißen nicht. Für Piranhas mit den dritten Zähnen mag das zutreffen. Ich möchte mir trotzdem ein Leben ohne öffentliche Ausstellung von Glauben erlauben, eins ohne zudringliche Gläubische.

Dresden, ein Ort vielfältiger Heimsuchungen und Schrecken, wurde fünf Tage lang von alliierten Christenverbänden angegriffen. Die Stadt hatte Kirchentagsbefall, die Evangelischen fanden sich ein, mit Brotschuh oder Sandale am Fuß zelebrierten sie Bibelkreistanz und Abendmahlssalat. Haben die kein Zuhause? Muss jeder Privatwahn an die Öffentlichkeit? Ist Christentum nur ein anderes Wort für aggressiven Exhibitionismus? Und kommen dann wenigstens auch die Löwen? Im Verhältnis eins zu eins?

Die Frage ist nicht abwegig, Christen meinen es gut mit Tieren: Eine Veranstaltung auf dem Kirchentag hieß »Bruder Bulle, Schwester Huhn. Eine theologische Reflexion von Dr. Rainer Hagencord, Leiter des Instituts für Theologische Zoologie, Münster«. Theologische Zoologie? Gibt es das wirklich? Kann man so etwas studieren? Und lernen die Tiere in der Wald-, Wiesen- und Savannenuniversität im Gegenzug zoologische Theologie? Müssen sich Cousine Eichhörnlein und Schwager Springbock kreuzigen lassen? Ohne ein verschärftes Bedürfnis nach Kitsch und Irrsinn gäbe es keine Religion.

Kitsch ist ein anderes Wort für fromme Beschönigungslügen, und die werden reichlich erzählt, wann und wo immer ein Kirchentag sich breitmacht. Selbstverständlich war der Aufmarsch der Harmlostuer biodynamisch durchorganisiert; nicht einmal Margot Käßmann, Gewinnerin bei »Deutschland sucht die Superchristin«, reiste mit dem Auto an. »Sehnsucht nach Leben«, »Meine Füße auf weitem Raum«, »Mut tut gut« heißen drei ihrer Bücher; es ist genau diese Wattebausch-Rhetorik, mit der sie bei ihrem Publikum reüssiert.

Gott dagegen konnte allein schon aus ökologischen Bedenken nicht eingeladen werden; der ältere Herr fährt einen rasanten *Fiat Lux*, oder, wenn man ihn wieder einmal für tot erklärt hat, wenigstens einen *Tempi Passati*. Sein Fehlen wurde auf dem Dresdner Kirchentag nicht bemerkt. Wie auch? Die Guten hatten genug mit ihrem eigenen Gutsein zu tun, und wo mentale Energiesparfunzeln angebetet werden, ist kein Licht.

Davon profitierten als Kirchentagsteilnehmlinge auch Grüne wie Cem Özdemir und Renate Künast, die Theodor Adorno Lügen strafen wollen und tapfer behaupten: Doch, es gibt ein richtiges Leben im falschen. Seht uns nur an, wir machen das jeden Tag! Die meisten erkennen den Hörfehler erst später: Es gibt ein richtiges Leben mit Flaschen. Ob man für Grüne aber auch Pfand bekommt?

Grüne und Christen liegen ohnehin nah beieinander, nicht nur in der Kleiderunordnung, sondern vor allem beim Heucheln. Drückt und zwackt den Glaubetrotter das Gewissen, wird er ein kritischer Christ, eine ganz besonders fatale Erscheinung mit Hang zum christlichen Kabarett, das von den »Avantgardinen, Nürnberg«, dem »Klüngelbeutel, Köln« und dem unvermeidlichen Überallmitschnacker Dr. Hirschhausen geboten wurde, der auch die Organisation »Humor hilft heilen« gründete. Läge ich im Spital und ein Heilclown juxte mich an, ich stürbe direkt am Hirnschlag.

Der Christentag stellte auch die ganz drängenden Fragen: »Darf man Nazis konfirmieren?« Wer will so etwas wissen und warum? Wüsste Bomber Harris eine Antwort darauf? Oder Wladimir Kaminer, der mit seiner »Russendisco« selbstverständlich auch dabei war, unter dem Titel »Tanzen bis zum Ende«. Aber auch das war nur eine leere Versprechung.

Warum und wozu Religion? Wer, außer Sektenangehörigen, braucht Sekten? Martin Luther war der Mann, der die Menschheit in das Elend des Protestantismus stürzte, als diese gerade das grausame Joch des Katholizismus abwarf. Alle Welt hätte sich von der Knechtschaft befreien können, doch dann kam ein gläubischer Extremist und verkündete: Religion zurück auf Los, marschmarsch, jetzt machen wir wieder ernst mit der Quälerei. Luther war ein Vorgänger Bin Ladens, die Zahl seiner Opfer ging schon zu seinen Lebzeiten in die Hunderttausende.

Christenaufmärsche sind nicht nur sprachlich, kopfmäßig und ästhetisch eine Tortur, sondern auch politisch. »Demokratie lernen nach dem Kommunismus« durfte man in Dresden auch, mit »Dr. h.c. Lothar de Maizière, Ministerpräsident DDR 1990, Berlin« und »Dr. Dr. h.c. Reinhard Höppner, Magdeburg«. Wer möchte sich von solchen Doctores verkunstfehlern lassen?

Im Mai 2011 starb Michael John, der die Erfurter Herbstlese erfand und später auch noch die Erfurter Frühlingslese organisierte. Ich freute mich immer, von diesem ganz besonders fähigen Impresario eingeladen zu werden, und ich vergaß nicht, was er bei unserer letzten Begegnung am 27. März 2011 zu mir sagte: »Man kann gegen die DDR eine Menge vorbringen, aber diese penetranten Christen hat sie gut in Schach gehalten und zurückgedrängt. Und aus Rache dafür sitzt hier seit 1989/90 auf jedem zweiten Stuhl ein Christ, hat von nichts eine Ahnung, redet aber überall mit, will bestimmen und nervt.«

Kann man es treffender sagen? Dass Frauen ihre Tage haben, ist nicht zu ändern. Mit Kirchentagen verhält es sich anders, diese Plagen sind organisiert.

PS: Erbarmungslos brannte die Junisonne auf den Dresdener Kirchentag nieder. Die marodierenden Christen jubelten: »Gott lässt die Sonne auf uns scheinen!« Falls das zutraf, war Gott ein reichlich fieser Möpp: Er schickte ihnen Hitze, auf dass sie die Kleider von sich würfen, um einander zu erschrecken.

Leicht, allzu leicht bekleidet taumelten die Trägerinnen und Träger grüner Bänder und Tücher durch Dresden und zeigten soviel Christinnen- und Christenfleisch vor, dass noch dem hungrigsten Löwen der Appetit verging. Taktvoll legten die Könige der Savanne die Pfoten über ihre Augen und wandten sich ab.

Wer aber am Tage des Herrn Dresden verlassen wollte, sah sich genasführt und düpiert, denn auch hunderttausende Christen mochten nicht mehr in der Stadt bleiben, die sie zuvor gebrandschatzt hatten. Wozu auch? Sie hatten verfrömmelte Erde hinterlassen, nun ging es auf zu neuen Zielen. Der Christ hatte seine Schuldigkeit getan, nun wünschte der Christ zu gehen. Beziehungsweise Bahn zu fahren.

Das wollte auch ich; weil ich aber abends zuvor mit Thomas Gsella in der Religionsfreien Zone in Dresden-Neustadt gelesen hatte, rollte man mir große Steine nicht aufs Grab, aber in den Weg: Die Christen hatten sämtliche Züge beschlagnahmt. Nicht einen einzigen freien Sitzplatz hatten sie übriggelassen. Wer nicht zu ihnen zählte, wurde zwangsverdresdnert, zumindest temporär.

Sechs Stunden lang hatte ich Gelegenheit, den christlichen Truppen beim Verlassen Dresdens zuzusehen. Manche Menschen findet man schön, wenn man sie von vorne sieht, andere nur beim Anblick ihrer sich entfernenden Rückfront: Schritt für Schritt gewinnen sie an Attraktivität. Nur bitte nicht noch einmal umdrehen und womöglich zur Säule erstarren beim Anblick der zurückbleibenden Heiden, sondern einfach weitergehen, bitte. Nein, nicht noch einmal stehen bleiben, immer schön weiter, und dann einsteigen, in den Zug ohne Wiederkehr, gern auch in der Ausführung Sardinenbüchse senkrecht.

Im letzten Zug raus aus Dresden-Vietnam bekam ich einen Platz bei einigen Herren aus Südkorea, die sehr höflich auf Englisch fragten, was denn in Dresden vor sich gegangen sei. Sie hätten so viele Verkleidete gesehen; ob es sich vielleicht um den Karneval gehandelt habe, von dem sie schon so viel gehört hätten?

Es war nicht asiatische Höflichkeit, die mich lächeln ließ, sondern die Freude, die sich beim Gewinn von Erkenntnis einstellt. Ja, sagte ich, genauso sei es: Viele Menschen hätten Karneval gefeiert, aber nun sei es vorbei, gottlob. Die koreanischen Herren bedankten sich artig, doch ich bin es, der zu Dank verpflichtet ist. Karneval hatte ich immer für eine katholische Angelegenheit gehalten; die Evangelen können das aber auch, und wenn es zum Äußersten kommt, zur Ökumene, wird das Prinzenpaar paritätisch besetzt. Jesus Alaaf!

Faschismus oder Lärm?

Den 25. April feiert man in Italien als Tag der Befreiung vom Faschismus. Alle guten deutschen Touristen singen zum Frühstück »Eines Morgens, in aller Frühe, o bella ciao, bella ciao, bella ciao, ciao, ciao ...«, krabbeln ein bisschen in den Bergen herum und zitieren mittags im Restaurant Matthias Beltz: »Partisan und Parmesan, wo sind sie geblieben? / Partisan und Parmesan wurden aufgerieben.«

Während sie noch ungelenk mit halbmeterlangen Pfeffermühlen hantieren, betritt ein robbenbärtiger Sangesmann den Patio der Trattoria, wühlt schauderhaft in den Saiten seiner Gitarre herum und nölt: »Dem Faschisten werden wir nicht weichen, schickt er auch die Kugeln hackedicht ...« Es ist der Barde Lupo Cerveza Hombre, der wieder einmal Spanien mit Italien und Lärm mit Liedgut verwechselt.

Weshalb er vom Kellner stante pede des Lokals verwiesen wird, denn der 25. April ist international auch der »Tag gegen den Lärm«. Das entbehrt nicht der Logik, denn Faschismus beruht auf Lärm, produziert Lärm und ist Lärm, so wie Lärm ja auch faschistische Züge trägt. Wo immer Brüllen über kluges, wissendes und leises Sprechen triumphiert, ist der Faschismus nicht weit.

Es ist klug, das Gedenken an die Befreiung vom Faschismus und den Tag gegen den Lärm zusammenzulegen; beides hat mehr miteinander zu tun, als mancher Lärmling glaubt, der den von ihm produzierten akustischen Terror für politisch neutral und sowieso für ungefährlich ausgibt. Lärm, wie alles Böse, ist nicht unpolitisch; im Lärm stilisiert sich das Böse zur Ideologie der Überlegenheit, der Stärke und der Macht. Lärm unterdrückt das Denken, im Gebrüll der Masse geht der Einzelne unter.

Doch kann auch ein einzelner stumpfer Lärmbold hunderte von leisen Menschen terrorisieren, und das ganz legal: Nennt er sich Hand- oder Heimwerker, hat er die Lizenz zum Lärmen in der Tasche und macht von ihr unbarmherzig Gebrauch. Sinnlos bohrt er Löcher in die eigenen Wände, zieht den Boden unter seinen Füßen ab, sägt brüllend laut den Ast ab, auf dem er sitzt und steht am Ende als Motorsensenmann vor der eigenen Haustür.

Weltmeister im lärmenden Herumhausmeistern sind, wen wundert's, die Deutschen. Seitdem sie nicht mehr die NSDAP wählen dürfen, suchen sie Bau- und Heim-ins-eigene-Reich-werkermärkte auf, das ist ein nahezu adäquater Ersatz und wird für einen Fortschritt der Menschheit angesehen.

Meister im Mai, Maifeierei

Am 30. April 2012 um 17 Uhr 19 war der Drops gelutscht, der Käse gegessen und der Kittel geflickt. Ich war am Radio Ohrenzeuge geworden, wie Reporterin Sabine Töpperwien ihre ohnehin bemitleidenswerten Stimmbänder regelrecht durchgeschrien hatte. Was die Grande Dame des Fußballgeschrebbels überhaupt nicht daran hinderte, die Ohren ihrer Zuhörer mit einer Salpeterkehle zu zerschreddern, gegen die das Timbre von Marianne Faithfull wirkt wie das eines Regensburger Domspatzen lange vor dem Stimmbruch.

Es war kein Piepsengelchen, das vom Gewinn der Dortmunder Meisterschaft kündete, auf die anderntags mit dem treuen BVB-Fan Klaus Bittermann ein Glas geleert werden sollte. Dies geschah am Abend des 1. Mai in Berlin-Kreuzberg, und mein Fußweg zum vereinbarten Treffpunkt war ein Spießerrutenlauf. Der den Bezirk mehrheitlich bevölkernde Zeitgenosse versichert sich seiner trügerischen Existenz durch das Tragen eines Sauerbartes und mindestens einer Bierflasche, an die er sich kernkompetent anzuklammern versteht. Sein Leben begreift er als eine Art Dauer- und Billigtourismus; er sieht gern zu und schwimmt gern mit und dokumentiert seine Entschlossenheit, sich nicht ein Minimum an Form zu geben.

Dass er dabei irgendwielinks und dufte ist und Atomkraft und Sozialuntertageabbau etc. pp uncool findet, ist so Second Hand wie alles an ihm. Auch das ist selbstverständlich nicht neu; scheinbar Nonkonformes als perfekten Ausdruck des Konformen bekommt man ja schon lange und oft angeboten, und die massenhafte Betonung des Individuellen unterstreicht nur das Uniformierte und Konfektionierte dieses Zwangsindividualismus.

Tatsächlich neu aber ist, dass der moderne und volldigitalisierte Nachwuchsspießer sich rund um die Uhr öffentlich ausstellt. Ein privates Leben hat er nicht; er führt sich permanent selbst Gassi oder Gossi, und so ist er immer und allüberall präsent. Zum ersten Mai füllte er das Quartier mit seiner Schaulustigkeit, mit Rumpelmusik und einem tausendfach multikultiplizierten Ich-mache-nichts-aber-wär'-doch-geil-wenn-was-abginge-Gesichtsausdruck. Und labte sich an dem, was Voyeure eine Feier nennen.

Die Polizei, die ihre Mitglieder aus aufgepumpten und sichtlich genveränderten Playmobil-Figuren rekrutiert, gebärdete sich gleichfalls lästig. Es war nicht immer leicht durchzuhuschen, doch gelang es. Irgendwann war der Treffpunkt erreicht, Freund Bittermann und ich hoben die Gläser und sprachen die Zauberworte:

> Vom dicken Schädel bis zum kleinen Zeh
> Durchströmt uns heftig: Heja, BVB !

Interpretieren und lesen

Es gehört zum Wesen der Massenabfüllbranche, dass sie sich sprachlich aufplustert. Schon dem bedauernswerten Dauerstreber Matthias Sammer wurde nachgesagt, dass er erstens »die Rolle des Liberos neu interpretiere« und zweitens »ein Spiel lesen« könne; nun verfügt auch noch der Fußballtrainer Pep Guardiola, der seit Sommer 2013 wie Sammer beim FC Bayern München angestellt ist, über diese Fähigkeit. »Er kann ein Spiel lesen«, schwärmt *Bild*, das Fachblatt für Alphabetismus, und stellt schon mal den Kaffeesatz warm.

Zwar wissen Grouchomarxisten, dass es nicht darauf ankommt, die Rolle des Liberos zu interpretieren, sondern sie zu verändern; die Spieleleserei aber gibt Rätsel auf: Kann einer, der ein Spiel zu lesen imstande ist, auch eins schreiben? Oder sind das, wie beim Bücherlesen und Bücherschreiben, zwei verschiedene Paar Schuhe? Gibt es demnächst eine Spiele-Bestsellerliste? Wird *Die Zeit* sich stark machen für die Lektüre guter und wertvoller Spiele? Wird Spielelesen Schulfach? Stellt der Hanser Verlag schon morgen auf Spiele um? Kann Michael Krüger ein Spiel lesen? Gibt es gelesene Spiele auch als Hörbücher, in der Edition Pep oder bei Sammer Audio Books?

Und, Hand aufs Herz, haben wir als Kinder nicht auch immer heimlich Spiele gelesen, unter der Bettdecke, mit der Taschenlampe? Das sind Fragen, die in München die Welt bewegen.

Ist Gier geil?
Und müssen wir jetzt immer hungrig bleiben?

Gier ist ein Begriff, der übel aus dem Leumund riecht. Millionenfach wurde in den letzten Jahren die Gier von Immobilienmaklern, Spekulanten und Bankiers beklagt und angeprangert. Gegner von »Stuttgart 21« plakatierten: »Gier frisst Hirn«, und die *Süddeutsche Zeitung* berichtete, dass die britische Großbank Barclays für ihren Chef Bob Diamond sieben Millionen Euro Steuerschulden ans Finanzamt überwies, obwohl er ohnehin ein Gehalt von 20 Millionen Euro bezieht. Kommentar der *SZ*: »Die Gier kehrt zurück.«

Ähnlich schlecht angesehen wie die Gier ist der Hunger auf der Welt. Unzählige Kampagnen fordern dazu auf, ihn zu bekämpfen und für eine gerechte Verteilung der Ernährungsressourcen zu sorgen; auf einem Titelbild der *Titanic* von F.K. Waechter hieß es: »Hungerproblem gelöst: Einfach mehr spachteln!«.

Als Unmenschen und Verbrecher werden Leute angesehen, die Gier und Hunger zu ihrem Nutzen kombinieren, indem sie aus schierer Gier mit dem Hunger anderer Geschäfte machen. Wer davon lebt, auf steigende Grundnahrungsmittelpreise zu spekulieren, darf gewiss sein, von jedem außer seinesgleichen als Menschenfeind betrachtet zu werden.

Dennoch sind die Worte Gier und Hunger in Deutschland zurzeit so beliebt wie nie zuvor. Das Einfallstor für die Positivbewertung von Hunger und Gier ist der Fußball. Der Trainer Jürgen Klopp von Borussia Dortmund wird nicht müde, seine

Spieler dafür zu lobpreisen, dass sie »nie die Gier verlieren« und dass sie »immer hungrig« sind und bleiben.

Es geht bei dieser Gier nicht (oder jedenfalls nicht unmittelbar) um die Gier nach Geld und bei diesem Hunger nicht um einen knurrenden Magen. Es geht um die Gier und den Hunger nach Erfolg, darum, ein Fußballspiel oder eine Meisterschaft gewinnen zu wollen. Seitdem die Worte Gier und Hunger respektive gierig und hungrig in die Welt gekloppt wurden, werden sie von medialen Multiplikatoren nicht nur endlos repetiert, sondern auch gleich zu entscheidenden Kriterien und Maßstäben verklärt.

Klopp, der zuvor bereits durch einen sehr hohen »Geil!«-Anteil in seinen Redebeiträgen auffiel, hat die Gier und den Hunger populär gemacht, auch bei seinen Kollegen, die mittlerweile von »geilen Spielen« und »gierigen Spielern« schwärmen beziehungsweise nach einem verlorenen Spiel handkehrum beklagen, dass die Spieler »nicht hungrig genug« gewesen seien und ihnen »die Gier gefehlt« habe.

Ist Gier also »geil«, so wie ja auch Geiz, einer der scheußlichsten Charakterzüge, die Menschen zeigen können, angeblich einmal »geil« war? Und müssen wir jetzt immer hungrig bleiben?

Das Gehirnwäschediktat des »You've got to stay hungry« ist nicht neu; Bruce Springsteen und Arnold Schwarzenegger ventilierten es, unabhängig voneinander, schon in den 80er Jahren des 20. Jahrhunderts. Wenn Jürgen Klopp, der Fußball mit der Ausstrahlung eines Lebenslänglichen betreibt, das ganz ähnlich von sich gibt, handelt es sich um eine professionelle Deformation, wie sie eben vorkommt bei monothematisch oder monotheistisch ausgerichteten Aufsteigerexistenzen, die vom Showgeschäft aus Politik, Medien, Kultur und Sport gebraucht und hergestellt werden.

Ein Journalismus jedoch, der jede Distanz dazu aufgibt, parasitär hinterherjabbelt und die »Gier« und den »Hunger« anpreist, zeigt gleichermaßen die stumpfe Reflexhaftigkeit wie die Reflektionsunfähigkeit eines Gewerbes, das mit allem Recht als Karlkraus'sche »Journaille« beschrieben wird, weil stets die Canaille zum Vorschwein tritt. Man nennt das auch Qualitätsjournalismus; dieser besteht unter anderem in der Kunstfertigkeit, der Gier und dem Hunger dann auch außerhalb des Sportteils wieder viel Positives abzugewinnen.

Männerflenner

1995 erschien in der Edition Tiamat der Band »Die Stunde der Männertränen. Texte auf Papier, Zeichnungen auch« von F. W. Bernstein. Dieses Werk des verehrten Dichters und Zeichners kam mir in den Sinn, als ich, am späteren Samstagabend vor einem asiatischen Imbiss eine Hühnersuppe zu mir nehmend, im öffentlich aufgehängten TV-Apparat allerlei rotgolden gekleidete Fußballspieler sah, die sich hemmungslos demonstrativ ihrer Trauer über ein verlorenes Spiel ergaben. Wie würde die gleichfalls hochverehrte Kollegin Fanny Müller sagen: »Also schön war das nicht.«

Fanny Müller ist aber nicht Benimmlehrerin beim Fußballclub Bayern München, um dessen Spieler es sich bei den händeringenden und heulenden Herren handelte. Das ist bitter für die Bayern, denn eine feine Dame von klarem Verstand könnte den Angestellten dieses Vereins von allergrößtem Nutzen sein. Trainer gibt es im Profifußball ja mittlerweile für so ziemlich jedes Gedöns: für die Motivation, für die Rhetorik, für das Mentale (was immer das auch genau sei), bloß für Herzens- und Charakterbildung wird offenbar kein Cent ausgegeben.

Nachdem der Bayern-Spieler Sebastian Schweinsteiger im Champions-League-Halbfinale gegen Real Madrid den spielentscheidenden Elfmeter verwandelt hatte, zeigte er anschließend vor, was er unter dem Ausdruck von Freude versteht: Er ballte die Handklumpen und reckte sie, als hätte Goethe einst das Drama »Siegerfaust« geschrieben; dazu entblößte er die

Lefzen und fletschte die Zähne, als wolle er jemanden totbeißen. Genau solche atavistischen Gebärden werden von bayernmünchnerischen Ex-Existenzen wie Oliver Kahn oder Stefan Effenberg als Ausdruck jenes »absoluten Siegeswillens« gefeiert, der ästhetisch so unangenehm wie mentaltrainerwahnhaft ist. Den »Triumph des Willens« kann man in den Leniriefenstahlgewittern ertrinken lassen, in die hinein er gehört.

Die Kehrseite des Zwangssiegers ist die Heulsuse. Nachdem Herr Schweinsteiger seinen Elfer im Finale gegen Chelsea an den Pfosten gesetzt hatte und die Partie für seine Mannschaft damit so gut wie verloren war, ballte und fletschte er nicht, er flennte. Man weiß nicht, welcher der beiden Anblicke noch unangenehmer ist, muss das aber auch nicht entscheiden, da sie untrennbar zusammengehören. Wer nicht gewinnen kann, sondern im Gegenteil immerzu siegen muss, der kann nicht verlieren. Und hat damit eine der wichtigsten zivilisatorischen Lektionen nicht gelernt: dass Verbissenheit und Größenwahn zwar den einen oder anderen Erfolg nach sich ziehen können, aber niemals das Glück.

Vorbereitungen treffen

Bei einem Schnatgang durch die Kreuzberger Nachbarschaft wurde ich eines Mannes gewahr, der sich an einem Automobil zu schaffen machte. Er hantierte an einem der Außenspiegel herum. Wollte er ihn abbrechen? Der erste Mai war doch vorbei, hatte er den festen Berliner Revolutionstermin verpasst und wollte nun nachzüglern?

Nein, dem Manne stand der Sinn nach anderem: Kundig zog er ein Präservativ über den Außenspiegel. Es war schwarz-rot-gold, stramm saß es auf dem erigierten Spiegel, dessen Zwillingsbruder auf der anderen Seite ebenfalls eins übergepellt bekam.

Wie umsichtig; jetzt hatte das Auto zwei schwarz-rot-goldene Ellenbogen, und ihr Besitzer konnte als Torso Korso fahren, die Schrumpfmuffe zwischen Nase und Kinn aufklappen, eine Fahne herausziehen und »Deutsch-laaand, Deutsch-laaand!« als Endlosschleife in die Welt schrebbeln.

Das Reich der Vierjährigen mit Führerschein erhob sich, und die Erwachsenen, feige wie immer, kapitulierten.

KKK

Die Abkürzung KKK steht für den Klu Klux Klan – und für dessen Anhänger in *Bild*. Mit der Schlag-, nein Prügelzeile »Kapitän Kehl kaputt« zeigte *Bild* wieder einmal, dass als Grundbedingung für *Bild*-Journalismus der Hass auf Menschen im Allgemeinen alleine nicht ausreicht; er muss sich auch im Besonderen gegen die menschliche Sprache richten, sonst ist es nichts. Erst wenn der Mensch nur noch stammeln kann wie ein Lied von Herbert Grönemeyer oder ein Satz von Kai Diekmann, ist er vernichtungstauglich geschrieben: »Kapitän Kehl kaputt«. Ka Ke Ka, Alliteri, Allitera, die Analpha ist da, den Rest besorgt der KKK.

Keine Lust auf breite Brust

Mit breiter Brust geht die Mannschaft in die Partie«, quakelt es aus dem Sportreporter, sei es in der Zeitung, im Radio oder im Fernsehn. Allgegenwärtig brodelt, brommt und bramabasiert die alliterierende »breite Brust« wie brünftig aus den brofessionellen Brabblern heraus. Denn die breitbrustige Mannschaft hat »Selbstbewusstsein getankt«, wahrscheinlich an der Selbstbewusstseinstankstelle, wo es noch einen »leckeren Snack« gab aus »Sieger-Genen« und dem »absoluten Willen«, und deshalb ist die Brust jetzt aber sowas von breit und brall vor Selbstgewissheit.

Geschwollen sind Siegerbrust wie Sportaufpumpjargon; um wie vieles lustiger wäre doch der Plural! Dass »die Spieler mit breiten Brüsten aus der Kabine kommen«, möchte ich mir zwar nicht unbedingt bildlich vorstellen, würde es aber gern einmal hören aus der medialen Sportabteilung, der diese breiten Brüste gut zu Gesichte stünden.

Deutscher Sommer
Kein Märchen

Es gibt einen Analphabetismus der Kleiderfragen; man sagt auch Freizeitlook dazu. Bei weniger als 14 Grad Celsius flipflopte ein Mann Mitte 20 kurzbehost dem Eingang des Bahnhofs entgegen. Kurz vor der Tür setzte er seine Reisetasche ab und ging in die Knie, um die Tasche zu öffnen und etwas darin zu suchen. Ort und Zeit waren perfekt gewählt; ein Dutzend anderer Reisender sah sich gezwungen, ebenfalls zu stoppen und zu warten, bis der Mann sich entschließen würde, seinen Weg fortzusetzen.

Die Wartenden bekamen allerdings etwas geboten: Dem am Boden Hockenden war die kurze Hose über beide Backen heruntergerutscht, was tiefe Einblicke in äußerst private Regionen seines Körpers gestattete. Der Impuls wegzuschauen war enorm, doch zwei Jahrzehnte politischer Erziehung haben uns gelehrt, dass wir »nicht wegsehen dürfen!«

Also sah ich, was es zu sehen gab; es war haarig und teilweise etwas bröckelig. Wäre ich so alt wie der Lordkrümelbewahrer vor mir, ich hätte die Hinteransicht fotografiert, ins Netz gestellt und dazu naseweis konfektioniert formuliert: »Können die Deutschen Sommer?«

Während die Antwort noch sackte – Nein, woher denn, sie legen auch darauf ja keinerlei Wert –, verschlossen sich meine Nüstern, mein Blick wandte sich ab, und ich wählte einen anderen Eingang.

Dieser Tage

Es ist warm im Mai, dreißig Grad hat der Tag. Zwar ist Hitze mir verhasst, doch im Schatten hoher Bäume ist sie erträglich. Nachmittag ist es erst, kein Tagwerk drückt mich, es ist getan. Nachbarn, Bekannte trudeln ein, sogar ein Freund. Das Lokal am Platz hat wenige Tische, der Wirt bringt Brot und Käse, der Wein in den Gläsern leuchtet, die Gäste eint eine Tendenz zum Leisesein.

Drei Straßenmusiker bleiben stehen, was sie spielen, scheppert und geht durch Rumänenmark und Bein. Ein Vierter geht mit dem Hut herum; ein Passant, der seine nackten Mauken durchs Leben sandalettet, Mitte 50, Typ linker Lehrer aus Kreuzberg, bleibt stehen und hält eine vernehmliche Ansprache: »Nee, dafür gibt's nichts, ich habe heute schon gespendet, da waren andere schon früher unterwegs, nee nee.« Er schnappt noch ein bisschen vor sich hin, heischt mit Blicken Beifall, der aber ausbleibt, ringt erfolgreich um Unwürde und trollt sich; auch die Musiker ziehen weiter.

Das Brot duftet, der Käse verströmt ein kräftiges Aroma, der Wein ist kühl und erfrischt Gaumen und Geist, und alle drei halten sie keine Volksreden. Von Lebensmitteln lernen heißt leben lernen.

Kreuzberger Liebe

An einem warmen Mainachmittag um kurz nach vier einer Erfrischung an einem schattigen Platz entgegenschlendernd, sehe ich in der Muskauer Straße zwei Männer, Anfang 40, auf dem Gehweg stehen. Sie haben sich vor einem Hauseingang aufgebaut und pissen ihn der gesamten Breite nach voll. Während sie die letzten Tropfen von ihren Dömmeln abschütteln und sich ihre Manchesterhosen zuknöpfen, kommt ein jüngerer Mann von etwa 25 Jahren mit dem Fahrrad angefahren. Er bremst kurz vor der Harnlache und sagt in fassungslosem Ton zu den Urinstrolchen: »Oh Mann, seid ihr scheiße!«

Er sagt das weniger aggressiv als vielmehr resigniert, aber die beiden Pinkler sind sofort auf hundertachtzig. »Wieso das denn, ey?«, nölen sie und strunkeln mit Drohgebärden auf den Radler zu.

Der antwortet, wiederum in verzweifelter Tonart: »Weil ich hier wohne und jetzt da durchmuss.« Er übertreibt nicht. Die beiden Urinisten sind mit deutscher Gründlichkeit vorgegangen und haben flächendeckend gearbeitet: Wer das Haus betreten will und kein Weitspringer ist, muss sein Schuhwerk in ihre Strulle setzen. Dennoch pöbeln die beiden den Fahrradfahrer an: »Was willst du denn, du Spießer? Das ist hier Kreuzberg.«

Was soll man zu Köpfen sprechen, in denen das Aufsuchen einer Toilette bereits als Ausdruck eines verfehlten Lebens gilt? Am besten gar nichts, aber die beiden sind so agitato, dass ich mich dem Radler zugeselle und erkläre: »Der Mann hat recht.

Ihr Benehmen ist tatsächlich degoutant.« Auf die frische Angriffsfläche reagieren die beiden erwartbar freudig. »Hau ab, du Alternativspießer! Geh zurück nach Schwaben!«, schwallen sie mich an und ballen die Fäuste. Alternativ? Schwaben? Beide Invektiven gehen vollkommen fehl und mich nichts an; nicht mal richtig beleidigen können die.

Ich gehe meiner Wege. »Geh zurück nach Schwaben!«, schallt es mir noch mehrfach hinterher, und dann entquillt einem der beiden Promillionäre ein rauhkehliges: »Wir sind in Sachen Liebe unterwegs!« Diesem Satz, das Werk der beiden Harnschleudern vor Augen, sann ich später bei einem Glas Weißen noch eine kleine Weile nach.

Gutes Wetter

Gut ist das Wetter, wenn man sich ohne Schweißausbruch vollständig angezogen auf die Straße begeben kann, und ganz besonders gut ist es, wenn auch alle anderen sich wenigstens halbwegs komplett ankleiden müssen, weil sie sonst frören oder das zumindest behaupteten.

Ich weiß nicht, welche daran gut verdienende Industrie Männern die Halb-, Zweidrittel- oder Dreiviertelhose als kulturell gestattet aufgeschwatzt hat; wer immer das tat, sollte wissen, dass in humanistischen Kreisen ausnahmsweise über öffentliche Züchtigung nachgedacht wird. Denn kein lebendes Wesen wurde geboren oder vertrüge es, so etwas mitansehen zu müssen.

Sich am Anblick Tom Sellecks zu erfreuen, der in Shorts durch die TV-Serie »Magnum« herumgazellt, ist eine Ausnahme von der Regel; allen anderen ist es untersagt, sich zu betragen, als sei die Öffentlichkeit ihr Bade- oder Schlafzimmer. Für jedes nackte Männerbein / will ich die Brennernessel sein!

Berliner Hündchen

Es gibt ihn noch, den Bullshit-Terrier. Weil auch sein Besitzer noch existiert, der Pit Bullshit heißt. Oder doch wenigstens heißen müsste. (Für türkische und arabische Kollegen gilt der Name Püt Büllshüt.) Von Anabolika, Gammelfleisch und Muckibude zu einem Quadrat aufgepumpt und mit IQ Darkroom sehr großzügig estimiert, hält er seine Tötungstöle am Arm und hat nur einen Instinkt: Angst und Schrecken verbreiten.

Das Gespann zieht die Straße entlang, Bullshit-Terrier zerrt Pit Bullshit, der intelligentere von beiden führt. Auf der anderen Straßenseite kläfft ein Hündchen, ein Berliner Hündchen, wie es in Mode gekommen ist: eine Art Rehpinscher, so winzig, dass man aufpassen muss, nicht draufzutreten, kaum größer als die Häufchen, die es hinterlässt. Der Kampfköter dreht durch, sein Gebell ist hunderte Meter weit zu hören. Mühsam nur hält Püt Büllshüt sein viehisches Katapult im Zaum und genießt die Macht, die es ihm verleiht.

Allerlei Fenster öffnen sich. »Abknallen, die Töle, und den Besitzer gleich mit!«, schreit eine Frau, die damit alle Chancen hätte, auf jenem Strich, der Wrangelkiez heißt, Bezirksbürgermeisterin zu werden. »Genau!«, brüllt eine raspelige Männerstimme. »Erschießen! Aber sofort!« Mir fällt ein, dass ich gemeinsam mit Simone Borowiak, als sie noch Simone Borowiak hieß und noch nicht Simon Borowiak, ein Buch schreiben wollte mit dem Titel: »Knallt sie ab, die Schweine! Versuch einer Annäherung«. Aber dann entfernten wir uns voneinander.

Auch Töle und Tölenmann entfernen sich, Fenster werden geschlossen, die Eruptionen waren von kurzer Dauer. Übrig bleibt das Hündchen, das schäbige Berliner Hündchen. Seit jenem Abend sehe ich es überall, vor allem junge Menschen führen es mit sich. Wenn gewalttätige Hässlichkeit durch gewaltunfähige Hässlichkeit ersetzt wird, sprechen Debatten-Kultur- und Diskurs-Feuilleton von Zivilgesellschaft. Der Fortschritt ist nicht aufzuhalten; Köter werden ersetzt durch eine Art Bio-Tamagotchi. Statt Arrff-Arrff heißt es nur noch kleinlaut: Wüffchen. Aber auch Wüffchen kläfft und kötert Kot.

Windelwechseljahre

Dass es in Berlin üblich geworden ist, sein Privat- und Intimleben auf der Straße auszustellen, ist nicht neu; der öffentliche Raum wird gern auch als Freiluft-Dixi-Toilette missbraucht. Es sind allerdings nicht nur herabgesunkene Dömmelschwenker, die ins Fäkalische tendieren; die junge Mutti kann es auch.

In der Markthalle legt sie ihr Kleinkind auf einem Tisch ab, an dem vier Leute essen und trinken. Ungerührt entkleidet Mutti ihr Kleines und öffnet eine offenbar gut gefüllte Windel. Eine Markthallenhändlerin wird der Sache gewahr, verlässt ihren Lebensmittelstand und spricht die Frau in den Windelwechseljahren in erstaunlich freundlichem Ton an: Es gebe ein paar Meter weiter in der Damentoilette einen guten und sauberen Wickeltisch, das sei doch sicher bequemer und besser.

Die windelnde Frau schnappt zurück: »Muss ich da jetzt hingehn oder was?« Die Händlerin hebt resignierend die Arme und sagt: »Von Müssen ist nicht die Rede, aber wenn man das selber nicht weiß ...« Die Leute am Tisch haben sich unterdessen mit Tellern und Gläsern einen geruchsärmeren Platz gesucht; Mutti hat fertig gewindelt und lässt die volle Stinkbombe auf dem Tisch liegen.

Nun ist es der Händlerin zu viel. »Das nehmen Sie mit!«, ruft sie der abdackelnden Frau zu, die der Aufforderung mit mürrischem Blick nachkommt. Ob sie ihr Geschenk an die Welt später auf einem anderen Restauranttisch als Crème brulée zurückließ, konnte nicht eruiert werden; hier siegte das Diktat meiner Nase über jede detektivische Neugier.

Wohlfühlmomente vom Feinsten

In Züssow, zwischen Anklam und Usedom, kann man exemplarisch studieren, wie die Deutsche Bahn arbeitet. Der Bahnhof ist personell deaktiviert und besteht aus einem zugesperrten Gebäude, einigen Fahrkartenautomaten und Gleisen mit Bahnsteig. Schatten ist für Reisende nirgends erreichbar; Wartende können kein Wasser und keinen Kaffee bekommen, es gibt nichts. Das sehr kurze Bähnchen fährt ein, hunderte Reisende versuchen, Platz darin zu finden, unter ihnen sehr junge Urlauber in Kinderwagen, Rollstuhlfahrer und Menschen mit Begleittier. Nicht alle finden Platz, aber die ihn finden, werden die Erfahrung intimster Nähe zu Fremden nie wieder missen müssen. Der Rest muss draußen bleiben, schutzlos der Witterung ausgesetzt.

In der Werbung der Bahn liest sich das etwas anders: »Entspannt reisen und genießen: Im Bistro und Restaurant servieren wir Ihnen Dallmayr Kaffeespezialitäten vom Feinsten.« Entspannt möchte man im Zwangsentspannungsland Deutschland schon lange nicht mehr sein, und wer »vom Feinsten« sagt, ist so empfindungsentspannt, dass Empfindungen in ihm nicht mehr stattfinden.

Auch im »bahn.bonus-Prämien«-Heft der Deutschen Bahn wird eine Kuschel-Wohlfühl-Welt zum Davonempfinden ausgebreitet: Wer 2.500 Bahn-Bonus-Punkte sammelte, kann sie gegen eine »Kuscheldecke für Wohlfühlmomente vom Feinsten« eintauschen, ausgestattet »mit wunderschöner Wendeoptik«, wie sie seit 1989 Pflicht ist in Deutschland, wo eine etwas weniger »wunderschöne« Annektionsoptik hingegen als unentspannt und wenig kuschelig gilt und deshalb äußerst unerwünscht ist.

Zur Erwachsenenwelt Infantilien gehört das »kuschelige Flauschmaterial« genauso wie das »Wellness-Wohlfühl-Set«. Während die Deutsche Bahn schon als Pflichttreffpunkt zum »Entspannen, Verwöhnen, Wohlfühlen« aufschimmert, wird die »Dallmayr Kaffeespezialität vom Feinsten« vorbeigetragen. Sie verströmt, wie immer, zuverlässig den Hautgout schwitzender Reisender, die sich der Deutschen Bahn anvertrauten; wenn die Schwaden sich wieder verzogen haben, erlebt man einen der so raren »Wohlfühlmomente vom Feinsten«.

Religiöse Rückentätowierungen bei Frauen

In der Karwoche soll der Mensch Leib und Seele mit den Früchten der Passion nähren. Passion darf aber keinesfalls verstanden werden als Leidenschaft im allgemeinen, da würde der Papst in der Betpfanne verrückt; österliche Passion ist streng auf das Leiden Christi beschränkt, den Dreh-, Angel- und Höhepunkt der christlichen Blut-Theatralik.

2000 Jahre nach dem ersten Kriminalroman von Golgatha Christie kehren Gläubische zur archaischen Form des Mitleidens zurück, wenn auch in modisch leicht modifizierter Form: statt der Nägel von damals nehmen sie Nieten. In den Piercingstudios der christlichen Welt hat man Hände und Füße voll zu tun, um das Bedürfnis nach persönlich getragenen Stigmata zu befriedigen. Die Selbstverletzerbranche boomt, Jesus ist der letzte Schrei. Und gegen ein getackertes Kruzifix, auf der Stirn oder auf Nacken und Kreuz getragen, stinken die Nasenringträger endgültig ab.

Auch in der Welt der Tattoos hat man die religiösen Zeichen der Zeit erkannt. Carsten K., ein Tätowierer von Rang, der in Berlin-Kreuzberg ein luxuriöses Raucher-Tattoo-Studio führt, beschreibt den aktuellen Trend: Immer mehr Frauen kämen mit dem Wunsch zu ihm, religiöse Symbole auf der Haut zu tragen. Besonders beliebt sei eine spezielle Rückentätowierung: Direkt unter den Schulterblättern tätowiert man, quer über den ganzen Rücken, eine schnurgerade Kette aus Kreisen, die jeweils mit einer Krone versehen werden.

Sogar eine Luxusausführung mit Dornenkronen sei schon gewünscht worden, erzählt der Tätowierer; auf seine Nachfrage hin hätten manche der Frauen ihm erzählt, der Schmerz im Rücken helfe ihnen, den Blick stets gen Himmel zu richten, zum Allerhöchsten. Carsten K. lacht mit freundlichem Kopfschütteln, tippt sich an die Stirn und nippt an einem Gläschen Tinte auf Eis.

Selbst am höchsten katholischen Würdenträger geht das modische Gebaren junger Nachwuchsgläubischer nicht vorbei. Ein Sprecher des Vatikan erklärte, der Papst persönlich habe die üblichen Signierstunden für seine Bücher zwar abgesagt, dafür aber ein reges Interesse an Tätowierstunden bekundet. Da ist die Schmerzfraktion dann endgültig unter sich.

In der Einheitsvollzugsanstalt

Wenn im Schönheitssalon Piercing angeboten wird, muss es sich beim Verblechen eines Gesichts um eine Verschönerung handeln. Das kommt ganz auf das Gesicht an, könnte man einwenden, aber das wäre etwas grenzhumanistisch; gern möchte man sich und anderen den Kinderglauben bewahren, dass jedes naturbelassene menschliche Antlitz einer Blechglommse vorzuziehen wäre.

In der Einheitsvollzugsanstalt, wie man jenes Gebiet nennt, das manche als »Ex-DDR« oder als den »Osten« etikettieren, ist die Dichte von Instituten zur Selbstentstellung hoch. In Zinnowitz auf Usedom bietet das »Kosmetikstudio Harmonie« nicht nur Permanent-make-up, Tattoo und Piercing an, sondern auch Reiki und Psychologische Beratung. Das wirft, zumal bei uns alten Fragenaufwerfern, Fragen auf: Was ist eigentlich Reiki? Und wenn es Reiki gibt, gibt es dann auch Reiki in der Tube? Und gibt es die psychologische Beratung vorher oder nachher oder sowohl als auch?

Wer den psychologisch betreuten Verhau an Körper und Omme hinter sich gebracht hat, kann sich gleich nebenan im »Asia-Restaurant« stärken, wo das Angebot »Eiscafé & Döner Kebab« lockt, »gut und günstig ab 3,00 Euro«. Dönab asiatisch mit Sahne, zusammen auf einem Teller serviert und mit einem Lübzer Pils heruntergespült, das ist savoir vivre in Zinnowitz.

Wer es noch härter braucht, schleppt seinen kulinarisch multipel geschändeten Corpus oder Porcus zum benachbarten »SB-

Waschsalon«, zum Durchmangeln. Denn so steht es geschrieben als Tattoo auf deutscher Haut:

Manchmal musst du dich durch zähes, bitter-hartes Leben hangeln, / manchmal auch fair-play-frei mit verschlag'nen Konkurrenten rangeln, / immer aber ist der Herr dein Hirte, und er wird dich mangeln.

Notfalls sogar »auf eigene Faust«, wie man so sagt, aber das ist Religionsunterricht von Beate Usedom und also denen vorbehalten, die man Fortgeschrittene nennt.

Aus der Forschung

Restaurant AROMA in Berlin-Schöneberg, das kann A Roma heißen, in Rom, oder Aroma, also Duft, Geruch, Geschmack, oder eben beides. Das Lokal verströmt ein gutes Küchenaroma und ist als »berlusconifreie Zone« deklariert; die Gefahr, dass der Kriminelle Silvio B. seine operierte und haarimplantierte Glommse hier hereinsteckt, ist vergleichsweise gering, aber man kann ja nie wissen. Oder vielleicht möchte der Wirt ja auch Silvio-Sympathisanten verscheuchen oder sie, im Gegenteil, zu einer Debatte ermuntern?

Draußen sitzt es sich gut. Zwei Tische weiter sagt ein Mann: »Nein, ich trinke nicht, und ich rauche nicht. Ich bin ja auch nicht bei Facebook.«

Ist das logisch? Oder psychologisch? Muss, wer raucht und trinkt, deshalb bei Facebook anheuern? Das will ich nicht glauben und gehe meiner Wege. Eine Eckkneipe wirbt mit Schultheiß-Leuchtreklame. Im Kalten Krieg hätte man von maximaler Abschreckung gesprochen; jetzt stimmt es mich fast nostalgisch: »Wir trinken hier / Schultheiß Bier.« Nein, so weit kommt es nicht. Schultheiß ist von Dostojewski: Schultheiß und Sühne. Die Sühne ist in Schultheiß schon mit drin. Aber immerhin kein Facebook.

Fiskalpakt
Ein deutsches Familiendramolett

Vor einer Konditorei sitzt eine Kleinfamilie am Tisch, es gibt Kaffee, Kakao, Kuchen und Brötchen. Es ist gegen elf Uhr vormittags, der Haussegen scheint schon ein wenig schief zu hängen, jedenfalls schaut die Frau demonstrativ von Mann und Kind weg, wobei ihre Mundwinkel Richtung Kniekehlen weisen. Sie ist vielleicht Ende 20, aber das ist schwer zu schätzen, denn sie hat ihre Augenpartie hinter einer dieser Sonnenbrillen verborgen, die man notfalls auch als Motorradhelm tragen kann.

Die umsichtige Geschäftsführung der Konditorei hat, wie es sich für einen fürsorglichen Gastgeber gehört, nicht nur einen Ballerbudenradiosender eingeschaltet, sondern für die Gäste auch draußen Lautsprecherboxen aufgehängt, aus denen dreiviertellaut »What a feeling« aus den Achtzigerjahren des letzten Jahrhunderts ertönt. Der Jüngste am Tisch, ein etwa sechsjähriger Junge, hat ein halbes Marmeladebrötchen in der Hand, langweilt sich offenbar und leckt langsam und sorgfältig die Marmelade vom Brötchen.

Der Vater, zwischen der von ihm abgewandten Frau und dem gemeinsamen brötchenleckenden Sohn sitzend, trägt ein weißes kurzärmliges Fußballtrikot mit schwarzrotgoldenen Applikationen, halblange karierte Hosen und Turnschuhe. Auch er könnte Ende 20 sein; sein übernächtigtes, graubrotfarbenes Gesicht lässt eine genauere Schätzung nicht zu.

Mit Kopfschmerztimbre sagt er: »Iss das Brötchen richtig«,

aber sein Sohn beachtet ihn nicht und leckt weiter sehr konzentriert an seinem Brötchen.

Im Ballerbudenradio ist das Trommelfellpeeling für Hartgesottene mittlerweile durch das abgelöst worden, was dort »Nachrichten« heißt; unterlegt von Schnelltaktgewummer verliest eine Stimme Schlagzeilen. Dabei fällt auch das Wort »Fiskalpakt«, das sofort die Aufmerksamkeit des Jungen erregt. Er unterbricht das Brötchenablecken und fragt: »Papa, was ist ein Piskalfakt?«

»Fiskalpakt«, antwortet der graubrotene Mann und wiederholt: »Es heißt Fis-kal-pakt.« Dann schweigt er wieder verdrossen, die Mutter hinter der Vollhelmbrille sagt sowieso nichts, nur der Junge hat ganz für sich alleine Spaß: »Piskalfakt, Piskalfakt«, kräht er und kichert. Das neue Wort gefällt ihm, und mir gefällt es auch.

Der Junge hat eine weitere Variante entdeckt, die er in kindlicher Redundanzbegeisterung vor sich hin trällert: »Pisfalkakt, Pisfalkakt, Pisfalkakt, Mistpisfalkakt!« Aus den Lautsprechern tritt wie Ohreneiter ein neues Lied aus: »An Tagen wie diesen«. Ich werfe einen letzten Blick auf das Familienglück und meine Brötchentüte in den Fahrradkorb. Es ist ein guter Tag für Marmeladebrötchen, und aus dem Radio werde ich erfahren, was hier eigentlich Kispalfakt und Phase ist.

Die Ruhe auf dem Land

Aaah, herrlich!«, stöhnt der aufs Land Geflohene beglückt auf. »Diese Ruhe! Himmlisch!« Und saugt die Luft ein wie göttlichen Odem. Er hat es geschafft, ist heraus aus Lärm und Geschrei, aus dem brodelnden Gewimmel und Gewürm. Am Busen der Natur will er niedersinken und Ruhe und Frieden haben, genauer: seine Ruhe und seinen Frieden, denn es könnt zwar die Welt in dutt gehen, in Klump und alles ganz und gar zuschanden werden, und doch hat er jetzt seine Ruhe, basta!

Einen Fisch wird es noch geben im Gartenlokal und ein schönes Bier dazu oder auch zwei, und sonst gar nichts mehr, kein Kindergeschrei, kein Gejabbel und Gejachter, die Kinder sind verjagt in die Ferien, nur die Frau ist noch da, die Frau, vielleicht wird er auf die Frau steigen des Nachts, damit auch sie eine Ruhe gibt, aber daran will er nicht denken jetzt, keine Pflichten mehr, nicht eine, nur noch die Ruhe, die Ruhe.

Und er legt sich unter den Baum in den Garten, hundert Jahre alt ist der Baum, 100 Jahre, wenn man so lange schlafen könnte! Und still ist es, nur der Wind rauscht in den Ästen und Zweigen und spielt mit den Blättern, ein Plätschern ist vom See her zu hören, das Naat-Naat einer Ente, sonst nichts, und er streckt sich aus, die Nervenenden zucken, als sein Körper die Spannung verliert.

Und WHRAMM startet der Nachbar den Rasenmäher, denn der Nachbar ist Eigenheimler und lässt den Rasenmäher rasen, jede Woche pünktlich zum Termin, und pünktlich zum Termin ist kurz nach der Ankunft des Feriengastes. WHRAMM dröhnt der Rasenmäher, es ist ein Benziner, das hört und das riecht man, und auch der Kantenschneider ist motorisiert, RRRRRR, und den eigenheimlernden Landbewohner erkennt man an den Ohrenschützern, die er trägt.

Lang ist das Gras am Hang, hier richtet der Rasenmäher nichts aus, hier muss die Motorsäge ihren Dienst tun, gekauft vom Eigenheimler in einem Markt für Eigenheimlerbedarf, geführt von einen Nachfahren des Marquis de Sade. Und RÄÄÄÄH jault die Motorsense, die das Gras nicht schneidet, sondern zerfetzt und zermatscht mit um sich rasendem Hartplastik, und längst floh der aufs Land Geflohene aus dem Garten und verrammelte sich in seiner Bude.

Verzweiflung steigt auf in ihm, ewig wird das Dröhnen dauern, nie wird es aufhören, und niemals mehr wird er auf die Frau steigen in der Nacht, und niemals wird er Ruhe haben und Frieden, seine Ruhe und seinen Frieden, bis es eines Nachts an seiner Tür läuten wird, dann wird er öffnen und ihn sehen, den Sensenmann, den Tod, und auf der Schulter wird er eine Motorsense tragen, und er wird ihn mitnehmen in das Land RÄÄÄÄH, in dem die Motorsensen sensen für alle Zeit.

Abendland und Mutterschaft

Die Geschichte hörte ich zuerst von Harry Rowohlt, einen Tag später dann von Ralf Sotscheck; ihre beiden Versionen unterschieden sich etwas voneinander, auch meine dritte wird etwas anders lauten, aber das ist bei der oralen Wiedergabe von Geschichten nun mal so. (Orale Wiedergabe heißt so, weil man sie ins OHR erzählt bekommt, und wer dabei an etwas anderes denkt, ist als Ferkel erwischt.)

Jerusalem, gut dreißig Jahre nach heutiger Zeitrechnung: Eine Ehebrecherin soll gesteinigt werden. Die Steiniger stehen parat, flirrend vor Lust wie Sportprofis oder *Bild*-Leser-Reporter, wägen lässig Steine ab, bevorraten sich, es geht ihnen gut, sie nehmen langsam die günstigste Wurfposition ein. Just in diesem Moment tritt Jesus, der alte Spielverderber, auf den Plan und verkündet: »Nur wer ohne Sünde ist, werfe den ersten Stein.«

Tiefe Säuernis senkt sich in die eben noch frohe Steinigertruppe. Murren ertönt: »Der hat uns gerade noch gefehlt«, und: »Der wird schon noch merken, wohin das führt«, aber bei allem Trotz lassen alle ihre Steine fallen und trollen sich allmählich.

Nur eine Frau tritt vor, wirft einen ganz besonders dicken Stein und trifft – zong! – den Kopf der Ehebrecherin. Woraufhin Jesus sich zu der Werferin umdreht und sie anzischt: »Mutter!«

Pasewalk on the wild side

Die Reihe der Skandale um die Verquickung von Verfassungsschützern und Rechtsradikalen reißt nicht ab: In der Nähe von Pasewalk im Kreis Vorpommern-Greifswald ging Ende Juli 2012 ein von Rechten genutzter ehemaliger Schweinestall in Flammen auf. Der ermittelnde Oberstaatsanwalt erklärte: »Es war definitiv Brandstiftung.« Er vermute einen politischen Hintergrund, zumal die NPD-Parteizeitung *Deutsche Stimme* Anfang August ein »Pressefest« auf just dem Privatgrundstück feiern wolle, auf dem auch der ehemalige Schweinestall stand.

Wer aber griff zu Brandsatz und Zündholz? Verwechselte ein NPDist Bierfass und Benzinkanister? Drängte es radikale Tierschützer, den Aufbewahrungsort unschuldiger Schweine nicht unter Nazis fallen zu lassen? Oder war ein V-Mann des Verfassungsschutzes so etepetete, dass er den Gedanken nicht ertrug, die *Deutsche Stimme* könne sich in einem Schweinestall erheben? Grunzt, wo die deutsche Wiege steht, stets auch die Sau? Ich will das alles wissen, und zwar ganz genau.

Rand voll

Das Hotel-Restaurant »Deutsches Haus« in Ückeritz auf Usedom kündigt seinen Gästen auf einer Reklametafel an, sie bekämen bei einem Besuch dieses Lokals, das sich »seit 1940 in Familienbesitz« befindet, »... nicht nur den Mund voll ...«. Die Lektüre der ungewöhnlichen Eigenwerbung ließ mich stutzen: Was, außer dem Mund, hat der Gast nach einem Aufenthalt im »Deutschen Haus« denn sonst noch voll? Die Nase? Den Kanal? Die Schnauze? Oder kriegt er so richtig die Jacke voll? Lautet die Lieblingsbestellung in der Ückeritzer Traditionsgaststätte »Einmal Arsch voll nach Art des Hauses«? Der Versuch einer Risikorecherche schlug allerdings fehl; das »Deutsche Haus« hatte Ruhetag.

Steifer Max

Ein Dienstagabend, auf dem Herd schmurgeln die Merguez-Würste in der Pfanne und verbreiten ihren Duft. Info-Radio kennt keine Nachrichten und keine Parteien mehr, nur noch Fußball-Partien, das Spiel Bayern München gegen Manchester City ist im Gange, Manchester City wird als »zusammengekaufte Truppe« geschmäht, während Bayern München mit dem Ribéry-Sepp, dem Robben-Schorsch und dem Neuer-Franz etcetera ja nur Gratisgewächse aus eigener Kleingartenzucht aufbietet.

Einer der beiden vollparteiischen und nicht minder umnachteten Kommentatoren feuert die Bayern-Spieler in rrrrollender Landessprrrrache an, weil das zwar nichts nützt, aber die richtige Schleimspur zieht: »Haut doch mal so'n strrrammen Max rrraus aus 16 Meterrrn!« Ja, das wäre etwas, wenn der Werbeständer Thomas Müllermilch dem gegnerischen Torwart eine Scheibe Brot mit Schinken und Spiegelei direkt vor die Futterluke servierte, einen steilen strammen Max, mit leuchtendem Eigelb, »sunny side up«, wie der Engländer sagt, das Brot schön bebuttert und niemals mit Margarine besudelt, denn Margarine ist Mord und nur Butter ist Mutter.

Strammer Max: Eine Küchenszene fällt mir ein, der jüngere Bruder, vor flüssigem Eigelb sich ekelnd, wünschte sich das Spiegelei deshalb von beiden Seiten gebraten und bat um »einen steifen Max, von beiden Seiten begraben«. Der zauberhafte Versprecher ging für immer in den familiären Sprachkanon ein.

Von beiden Seiten begraben gibt es heute im Radio, man nennt das Doppelmoderation, aber damit ist jetzt Schluss, Volksempfänger aus und die Merguez auf den Teller, Augen zu und Ohrenruh', und die Nüstern füllen sich mit den Düften von Lamm, Knoblauch, Zwiebel, Zimt, Pfeffer, Kreuzkümmel, Koriander und Rhaz el Hanout – und so wie das klingt, so riecht und so schmeckt das auch.

SM-Reisen

Noch ein wichtiger Punkt im Leben, besonders wenn es aufs Wochenende zugeht: Wie wird das Wetter?«, orakelt Gabi Bauer im ARD-Nachtmagazin. Sie lächelt aus dem Fernsehkasten heraus, der Banalitätenschleuder, in der alle »wichtigen Punkte im Leben« beheimatet sind, vor allem die toten Punkte, die aber »Eckpunkte« heißen, denn der Kreis muss quadriert werden, dafür wurde das Fernsehn erfunden. Ich komme prima ohne das Gerät aus, doch im Hotelzimmer in Hoyerswerda steht so eins herum, das habe ich probehalber eingeschaltet und werde mit Erkenntnis gleich reich belohnt: Wer Fernsehgebühren zahlt, ist ein Sado-Maso-Kunde und wird mit Fernsehen bestraft: Kuck! Mich!! An!!! Hör! Mir!! Zu!!!

Wie kommt man überhaupt von Berlin nach Hoyerswerda? Leicht ist es nicht, denn die öffentlichen Verkehrsmittel sind so nützlich und so erfreulich wie das, was dem Fernseher entquillt, und auch der Bahnkunde wird als potentieller Masochist behandelt und soll durch Gewohnheit zu einem solchen abgerichtet werden.

> Die Bahn braucht zweihundert Minuten,
> man steigt in Cottbus und in Ruhland um.
> Man hört die Regional-Expresse tuten
> und fragt sich angelegentlich: Warum?

Weil die Deutsche Bahn sich doch lieber selbst abwickelt und alles, was sie ihren Kunden abknöpft, in bahnferne Geschäfte investiert? Wie beispielsweise in den Frachtverkehr zwischen den USA und China, weil da Profit zu machen ist, der allerdings nicht in die Deutsche Bahn zurückinvestiert wird. Sodass der Bahnreisende beispielsweise seine Fahrt von Hoyerswerda nach Zittau in diversen Bussen fortsetzt, um das Wesen der modernisierten Deutschen Bahn zu erkennen: Züge müssen endlich wieder Automobile werden, und Bahnhöfe sind Verkaufszentren, an deren einzelnen Filialen die Bahn ihre Kundschaft verzuhältert.

    Was hat Herr Grube an Stuttgart so gern?
    Auf dem Hauptbahnhof den Mercedes-Stern.
    Was ist an S 21 so doll?
    Noch eine Abgreifer-Shopping-Mall.
    Was will der Vorstand der Deutschen Bahn?
    Fahr'n fahr'n fahr'n auf der Autobahn.
    Und das ist der wichtigste Punkt im Leben:
    Gabi Bauer wird es ihm geben!

Restramschrampe

Hans Magnus Enzensberger las Hegel und versingulärte dessen »Furien des Verschwindens«; analog ist Guido Westerwelle das Neutrum des Verschwindens. Der Abtaucher taucht hin und wieder auf, zumindest im Aggregatzustand Ich-bin-im-Fernsehkasten, aus dem er dann spricht. »Das ist doch ganz klar: Europa und Griechenland, das gehört zusammen«, sagt Westerwelle oder das, was man als »Westerwelle« wahrzunehmen sich angewöhnt hat. Immerhin war das nicht die deutschlandmedienübliche Hetze gegen Griechenland, die Westerwelle-oder-wer-auch-immer äußert, könnte man wohlwollen, aber wenn der immer inexistenter wirkende Westerwelle das sagt, hat es eben diesen Tatsch von »Ich stehe hier noch rum und sage irgendwas, aber eigentlich bin ich schon längst nicht mehr da.«

Ohne den »Tatort« wüsste ich gar nicht, was die Nachrichten Westerwelle sagen lassen, da ich keinen TV-Apparat besitze, aber den »Tatort« manchmal anschauen gehe, im Kaffeehaus, das am Sonntagabend den Krimi auf eine große Leinwand wirft, und vorher läuft eben schon die Tagesschau. Wie im Märchen gibt es Rotwein und Kuchen, und wie im Märchen dürfen rauchen wollende oder müssende Menschen rauchen, was ich, weil ich so gut wie gar nicht rauche, gern habe. Wenn alle dieselben Bedürfnisse oder Aversionen hätten wie ich, könnte ich ja für immer zuhause bleiben, in den Spiegel stieren und dabei glauben, ich sei unter Menschen. Wenn unsere Berufsnichtraucher genau das täten, dienten sie der Welt ungeheuer.

Regelmäßig spielt der »Tatort« auch in Leipzig. Das fällt dadurch auf, dass manche Filmeinstellung wie eine Postkarte aus Leipzig aussieht und niemals jemand so redet, wie man in Leipzig spricht. Es könnte auch die SoKo Göttingen sein, wenn es die gäbe, aber das TV-Geld muss nach Proporz verteilt werden. Und so fingern sich die Altkorrumpels vom Ostfernsehn mit ihren nun auch nicht mehr neuen Korrumpels aus dem Westen eben irgendwas zusammen und nennen es »Tatort Leipzig«.

Adäquat dokumentiert ist das durch die Anwesenheit der Darstellerin Simone Thomalla, deren Qualifikation aus einem operierten Antlitz besteht, das einem menschlichen Gesicht recht unähnlich geworden ist und entsprechend den Seufzer »Mein Gott!« ausstößt. Diesen Christenquark übersetzt Martin Wuttke, der kein Kollege von Simone Thomalla ist, sondern im Gegenteil ein Schauspieler, ins Weltliche: »Ach, du Scheiße!«

»Wie pervers ist das denn?«, fragt Thomalla in Konfektionssprech und meint damit nicht das, was sie als Schauspielerin abliefert. Dass der Mörder im »Tatort« Leipzig dann ein LayAUter mit trAUrigen AUgen war, passt zur Restramschrampe: Der Mann arbeitet bei den *Leipziger Nachrichten*, die es in der wirklichen Wirklichkeit aber gar nicht gibt. Was es in Leipzig gibt, ist die *Leipziger Volkszeitung*, die mit Journalismus genau so viel zu tun hat wie Simone Thomalla mit Schauspielkunst.

Ein Fahrplanmedium

Wer im Sommer 2012 mit der Deutschen Bahn nach Berlin unterwegs war, fand an seinem Platz eine »aktuelle Information zu den Fahrplanmedien Sommer 2012«, die den Fahrplänen beigelegt war und wie folgt lautete:
»Sehr geehrte Kunden,
bitte beachten Sie, dass der Halt am Flughafen Berlin Brandenburg bis auf weiteres entfallen wird, da der Eröffnungstermin des Flughafens Berlin Brandenburg kurzfristig und auf unbestimmte Zeit verschoben wurde.
Die Information zum Halt am Flughafen Berlin Brandenburg, wie in diesem Fahrplanmedium dargestellt, verliert somit bis auf unbestimmte Zeit die Gültigkeit.
Wir bedanken uns für Ihr Verständnis.«
In diesem nur wenige Zeilen kurzen Text wurde dreimal ein »Flughafen Berlin Brandenburg« erwähnt, den es weder gab noch geben müsste, dessen Eröffnung bereits zweimal verschoben worden war und der die Bankrotterklärung eines – tätä! – es folgt ein Wort mit 47 Buchstaben – Flughafengesellschaftsaufsichtsratsvorsitzenden war, der nebenbei auch den Regierenden Bürgermeister von Berlin simulierte.
Die Formulierung »auf unbestimmte Zeit« tauchte immerhin zweimal auf, einmal sogar in der verwirrenden Variante »bis auf unbestimmte Zeit«; hier konnte sich der Texter nicht zwischen den Termini »auf unbestimmte Zeit« und »bis auf weiteres« entscheiden und mischte sie, auf dass dann gar nichts mehr stimmte.

Und doch war die Kurzmitteilung der Bahn auch ein kostbares Geschenk an die Kundschaft, enthielt sie doch ein neues Wort, und das sowohl im Plural als auch im noch schöneren Singular: »Fahrplanmedien« beziehungsweise »Fahrplanmedium«. Ein Fahrplan war nicht länger nur ein Fahrplan, er war zu einem »Fahrplanmedium« herangeschwollen! War dieses Medium medium, also rosa gebraten? Auf den Punkt gegart und nicht »gut durch«, vulgo zäh und ledern? War der Fahrplan medium wie ein Sherry? Oder schlicht ein Medium wie *Bunte* und *Bild* und damit so unverbindlich wie überflüssig? Das ist es, was das Wort »Fahrplanmedium« bedeutet: Man muss es nicht lesen, es steht eh nichts drin oder bloß Killefitt.

Wir bedanken uns für das Selbstverständnis der Deutschen Bahn.

Eltern, Kinder, Köter

Ferien ist ein anderes Wort für Kinderhölle. In den Sommerferien haben Kinder die Wahl zwischen der Pest, ihren Eltern rund um die Uhr ausgeliefert zu sein, oder der Cholera, von ihnen in den Ferienlagerpäderasmus abgeschoben zu werden. Mancher und manche Kleene landet immerhin im sicheren Drittland Oma und Opa, doch auch dort kann die Lage brüchig sein. Am besten ist immer noch abhauen wie Huck Finn, aber das schafft man frühestens im Alter von zehn Jahren.

Die drei Kinder, die von ihren Eltern durch den Urlaubsort geschleift werden, sind noch nicht im fluchtfähigen Alter. Die beiden ihrem Lebensalter nach Erwachsenen, die sich ohne jede Voraussetzung dafür künftige Untergebene zusammenkopuliert, herbeigeboren, zugelegt und angeschafft haben, zerren, zergeln und nölen an ihren Opfern herum: Wie sie zu gehen, zu sprechen oder wahlweise nicht zu sprechen hätten, bekommen die drei Dötze in Permanenz und trommelfellpenetrierender Lautstärke mitgeteilt. Tu dies, lass das, sei am besten gar nicht da: Die dauerpädagogisierenden Eltern finden jedes Kind unkonzentriert, das sich auf ihre eigene Hilflosigkeit nicht konzentrieren kann und will, erst recht nicht dann, wenn sie in Gemeinheit umschlägt. »Ruhe!«, brüllt der Vater, ein sportlicher Mann Ende 20, der kurze Hosen für öffentlichkeitstaugliche Kleidung hält, und packt, statt die eingeforderte Ruhe selbst zu geben, seinen Sprössling an einem Knöchel, reißt ihn hoch und schreit ihm ins Gesicht: »Ruhe! Oder willst du den Rest des Tages kopfüber verbringen?«

Das Kind, instinktklug, erkennt den Gewaltgehalt der Frage und sagt nichts. Irgendwann wird es die Krankheit, die sich Vater nennt, erschlagen. Oder ihr, im besseren Fall, für immer den Rücken kehren. Die statistische Wahrscheinlichkeit, dass es sich fügen und unterwerfen und den erlernten Druckdreck weitergeben wird, ist allerdings hoch.

Die nächste Eltern-bebrüllen-ihre-Kinder-Terroristenvereinigung, im Volksmund Familie genannt, rollt vorbei. Diesmal ist Mutter Leittier und Quell des Leidens anderer. Ihre Kleidung ermöglicht den höchst unerwünschten Blick auf ein Äußeres, das mit unvollständig bekleidet, schwammig, hornhautig, latschend und gesichtsstumpf äußerst sachlich beschrieben ist. Die von ihr angekreischte dreiköpfige Brut im Alter von vier bis acht Jahren wagt nicht einmal mehr Widerspruch; falls sie lesen gelernt hätte, würde sie sich nach den Lebensumständen des jungen Oliver Twist sehnen.

Das etwa dreißigjährige Trampelwesen kennt nicht den Walzer, aber sehr wohl das Walzen, und während es diese Disziplin ausübt, schnauzt es das Trio, das ihrem Leib entkriechen musste und der Leibeigenschaft aber hoffentlich entkommen wird, rohtönend an: »Ihr sollt stille sein!«, obwohl doch der Lärm in ihrem eigenen Kopf ist und dort austritt.

Ob sie sich zum Befehlen nicht lieber einen Köter anschaffen wolle, möchte ich sie fragen, verzichte aber darauf, denn das wäre ganz zwecklos: Das würden Pitbulls wie sie, so kitschig wie ernstgemeint empört, als Tierquälerei anprangern.

Im Nasensarg
Der Geruch des Sommers
in der Berliner Variante

Die Hitze stand in der Wohnung, und die Hitze stand auf der Straße. Aus den Gullis müffte es schon leicht nach der kloakischen Flatulenz, die als »Summer in the City« gefeiert wird. In den Eingeweiden der Stadt rumorte es, und auch im mobilen Untergrund wurde der Nase einiges geboten. Der Geruch im U-Bahn-Waggon war umwerfend; aus vielen individuellen Noten ergab sich eine Melange aus saurem Achselnass und strengem, scharfem Schweiß, aus Füßen, Poporitze, Kinderpípí und Hund. Abgerundet wurde die Mischung durch die Kunstdüfte aus Deorollern und Rasierwasserflaschen. Wenn man diese Mixtur als Cuvée auf Flaschen ziehen könnte, der olfaktorische Molotow-Cocktail wäre erfunden.

Schwierig war nur, die Atemwege zu überreden, das Gebräu zu sich zu nehmen; Nase wie Mund wollten es nicht haben, mussten sich dann atemnotgedrungen aber doch an die mühsame Arbeit machen, die verbliebenen Anteile von Sauerstoff aus der resthumanoiden Abluft herauszufiltern.

Auch das Auge ging nicht leer aus, die menschliche Anatomie lag kaum verhüllt ausgebreitet; in allen Stadien und Variationen des Verfalls wurden Pracht und Elend ausgebreitet. In manchen Achselhöhlen hatten sich Salzlecken gebildet, zu denen man Wild- oder Ziegenherden hätte führen können – falls die Tiere die Mineralienaufnahme nicht verweigert hätten. Obwohl der menschliche Geruchssinn vergleichsweise schwach ausgebildet ist, musste auch ich passen. Stechender Altschweiß und Maiglöckchenparfüm sind einzeln schon kaum zu ertragen; diese Kombination ist für menschliche Nüstern nicht mehr zu schaffen.

Mir wurde blümerant, ich verließ den Nasensarg und eilte ins Freie, die Worte »Klatschend erbrach er sich« als Schrift an der Wand vor Augen und durchdrungen vom Wunsch, sie nicht Wirklichkeit werden zu lassen. Es gelang, ich stand im Freien. Ein Wind war aufgekommen, Donnergrummeln war zu hören, es kam näher, aus dem Murmeln wurde ein Grollen, und dann regnete es, endlich, der Regen prasselte herab, wusch die Straßen, spülte den Schmutz fort, tränkte das dürstende Grün, reinigte die Luft und kühlte die aufgeheizte Stadt.

Es gab Atemluft, begierig sog ich sie durch die Nasenlöcher, füllte die Lungen, reckte das Gesicht gen Himmel, ließ mich nassregnen und kühlte mich lange, bis ich eine Gänsehaut bekam und zu frösteln begann. Ich winkte einem Taxi zu, es hielt, ich stieg ein, nannte die Adresse, der Wagen fuhr an. Meine Nase stutzte und verstöpselte sich inwendig. Der Taxifahrer hatte in Parfüm gebadet, es roch wie das Zeug, das aus seinem Radio quoll: Hitradio RTL.

Flaschenpfand auf Tölen!
Als Senior-Erstwähler
unterwegs durch Berlin

So lange schon schaffte ich es nicht mehr, meinem Körper den Gang an die Wahlurne zu befehlen, dass ich, ein Mann, der die 50 mittlerweile überschritten hat, quasi wieder Erstwähler bin. Und Erstwähler sind von der Idee, endlich mitbestimmen zu dürfen, ja ganz narrisch vor Glück.

Dass Politik auf Glück sich reime, gefiele mir auch, und so will ich mich tüchtig anstrengen. In Berlin wird gewählt, ich darf dabei sein: ran ans Angebot! Als Senior-Erstwähler habe ich ein Herz für Minderheiten und sympathisiere mit der FDP, weil die so schön versinnbildlicht, was mit dem Wort »Parteienlandschaft« gemeint ist: Wüste und Luxus zugleich. Niemand braucht das, aber gerade das macht ja den Reiz aus. Wenn man schon das Lebensnotwendige nicht bekommt, kann man immerhin die Existenz des Überflüssigen genießen. Das ist die Lebenskunst der westlichen Welt: giftige Lebensmittel in sich hineinzwängen und über italienische Schuhe nicht nur sprechen, sondern »philosophieren«. Hossa!

Außerdem hat die FDP einen Außenminister, der für das einzig halbwegs Richtige, das er in seinem Politikerleben zustande brachte, so schwer gehasst wird, dass man noch einmal genauer hinsehen möchte. Die rotgrüne Regel »Von deutschem Boden soll nie wieder ein erfolgloser Krieg ausgehen« hatte Westerwelle ignoriert. Der begierigen und, nebenbei, völkerrechtswidrigen Bombardierung Libyens widersprach er immerhin halbwegs. Der Beratervertragsaufsaugeschwamm Joseph Fischer stieg daraufhin als Elder Warlord in den Ring und erklärte, wie man als Deutscher korrekt Kriege führt. Die Heinzelbübchen von der FDP-Spitze, die versuchen, volle Windeln als »Marke« zu etablieren, zwergelten im eigenen Saft, und wenn Westerwelle nicht das gruselige Neutrum wäre, das er aber ist, hätte er den Wurf, den er züchtete, kurzerhand versenkt. Hat er aber nicht und muss also mit ihm untergehen.

Wen sonst könnte man wählen? »Bildung und gebührenfrei« radebrecht sehr bildungsbedürftig die SPD, lässt ihren Bürgermeister Wowereit gummibärenstark von Plakaten lächeln oder mit Kindern spielen und will ansonsten »Berlin verstehen«. Das Eititei unterfordert jeden Erstwähler, setzt aber vielleicht auf das Mitteldemenzsegment?

Ein Herr mit Glatze von der CDU gibt die Parolen »Für Kreuzberg« und »Mein Kiez« aus. »Mein Kiez« – war das nicht von diesem Hitler ...? Nein, nicht ganz, die CDU liegt knapp daneben, und ein Zopfträger von den Grünen hat mit »Kreuzberg für uns alle« auch so einen Identitäts- und Duftespruch parat. Die beiden passen prima zusammen, und wenn sie das Haupthaar miteinander teilten, hätten beide etwas davon. Aber reicht das aus, um wählen zu gehen? Zumal die Grünen auch noch ihre Spitzenkandidatin Künast zur »Renate« verkürzen und aus einer Frau, die sich immerhin mit den Großverbrechern vom Bauernverband anlegte, eine Populismustante zu machen versuchen, die sie im Leben nicht ist noch wird.

Die Linke hat mir sogar etwas in den Briefkasten geworfen: »Ja! Die Linke. Weil es um das Soziale geht.« Anders als die sozialdemokratische Konkurrenz traut sich die Linke ganze Sätze und diese auch ihren potentiellen Wählern zu. »Wir sagen: Werden Spekulanten nicht in die Schranken gewiesen, werden Reiche nicht angemessen besteuert, geht die soziale Spaltung weiter und es wächst die Zahl der Millionäre ebenso wie die der Flaschensammler.« Die alte Traumkarriere »Vom Tellerwäscher zum Millionär« gibt es offenbar nicht mehr; der Linken, die das Geschäft der systemimmanenten Elendsverwaltung perfektioniert hat, möchte ich einen Vorschlag machen, der zu ihr passt: Wenn Millionäre auf eine Flasche Champagner 20 Euro Pfand zahlen müssten, ginge es auch den Flaschensammlern besser.

Die DKP bietet sich als Alternative zur Linkspartei an; hier gibt es Kommunismus wie bei Muttern, man kann »Richtig rot wählen« und »Sauber bleiben«. Plakatiert wird ein Lenin, der »Kapitalismus«, »Faschismus«, »Krieg« und »steigende Mieten« gleichermaßen in die Mülltonne stopft. Ob Lenin das wirklich noch schafft in seinem Alter? Lebte ich auf dem Dorf, würde ich die glatt wählen, denn nichts ist den Deutschen so unheimlich wie das gute, alte »Gespenst des Kommunismus«, in diesem Grusel sind sie sich einig, und das ganze Kaff würde sich fragen und verdächtigen: Wer ist hier der Kryptokommunist?

Zwischen all die bunten Plakate an den Berliner Laternen hat sich schwarzweiß auch noch ein »... oder PIRATEN!« geschmuggelt. Piraten sind sehr beliebt bei Kindern jeden Alters, bei fischstäbchenessenden Johnnydeppen. Das Internet hat eine eigene Partei, und wer vom Individuum zum »User« wurde, wird hier seine Freude haben und wenn schon nicht Freunde, so doch »Friends« finden.

Etwas ermattet beende ich meine Wallfahrt durch die Berliner Wahlofferten und entdecke direkt vor der Haustür noch das Glück. »Eine starke Gemeinschaft Für Mensch und Tier mit dir« bietet die Tierschutzpartei an, man sieht allerlei Menschlein und ein Schweinlein, das Erstwählerherz schlägt hoch, und wenn die jetzt auch noch Tölenpfand im Programm haben, dann ist die Sache mit der Urne gebongt.

Top-Schnäppchen

Das Wort »Schnäppchen« klingt nach Schnappatmung, nach Schni-Schna-Schnappi, nach zuschnappenden Fallen und nach einem Schnapphahn, wie Georg Weerth ihn in seinem Roman »Leben und Taten des berühmten Ritters Schnapphahnski« beschrieben hat. Trotz des Beigeschmacks beziehungsweise in diesem Fall sogar Beigeschnapps von Wühltisch, Hektik und Abgreife bekommt man allüberall »Schnäppchen« angeboten; mancher kerndeutsche Mann lobt seine kataloggekaufte Frau dafür, dass sie »ein echtes Schnäppchen« gewesen sei.

Die Steigerung des Schnäppchens ist das »Top-Schnäppchen«, also quasi das First-Class- und Premium-Schnäppchen, das Schnäppchen de luxe. Im »Top-Schnäppchen« wird der preislich nicht mehr unterbietbare Massenwarencharakter des Schnäppchens mit der behaupteten exklusiven Spitzenwertigkeit des »Top« zusammengefügt. Dieser Vorgang kann nicht gelingen, das »Schnäppchen« reißt das »Top« mit in den Abgrund des Billigen und macht sichtbar, was von allem zu halten ist, dem das Etikett »Top« anhaftet.

Ein »Top-Angebot« ist die »Top-Erotik« öffentlicher Damen, besonders wenn sie ein »erotisches Top« tragen oder, fränkisch, »ein erroodisches Dobb«. »Top-Spiele« gibt es täglich, »absolute Topspieler« sind Dutzendware, im Sportjournalimus geht nichts ohne »Top-Leistungen« und »Top-Qualität«, sogar manche Obleute sollen »Top-Leute« sein.

Digitale Medien bieten stündlich »Top-Themen«, die auch

»Top-News« oder »Breaking News« heißen, was mit Brechnachrichten zutreffend übersetzt werden kann. »Top-Nachrichten« sind die Belange von »Top-Models« und »Top-Schauspielern«, wobei mir der Begriff »Top-Mime« noch besser gefiele. Wenn der »Top-Mime« mit dem »Top-Spion« verschmolzen wird, landet man bei »Topkapi«, einem »Top-Agenten-Thriller« aus der Zeit, als Peter Ustinov noch nicht zum Weltkulturerbe und zum »Sir« herabgesunken und also auch noch nicht »top« war. Während James Cagney mit dem Satz »Made it, Ma! Top-Schnäppchen of the World!« unsterblich wurde.

Den Sirup »Tri Top« kennt und trinkt niemand mehr, und auch den Schokoriegelreklamesatz »Topset is groovy« habe ich seit einer halben Ewigkeit nicht mehr gehört. Dabei waren Tri Top und Top Set in den siebziger Jahren sowas von Pop, also quasi die Vorläufer von Top-Literatur und Top-Diskursen. Noch mehr top als Pop geht sowieso nicht, aber das ist ein anderer Topos.

Rauchen für den Frieden (2)

Rauchen ist tödlich«, steht auf der Zigarrenkiste. Unsere gesundheitsreligiösen Mitmenschen müssen ja auch einen Spaß haben, und der einzige Spaß, den sie kennen, ist derjenige, den sie anderen verbieten können. Deshalb freuen sie sich auch so infantil über die Krankheitsdrohungen und Todeswünsche, mit denen Raucher belegt werden, wenn sie sich etwas zu rauchen kaufen oder, besonders perfide, es verschenken oder geschenkt bekommen. Wenn die kleinsten Geister die Regeln bestimmen, verliert das demokratische Rederecht seinen Sinn.

Man muss charakterlich weit heruntergekommen sein, um Mitmenschen, die man nicht kennt und die einem nicht das Geringste zuleide getan haben, Qual und Tod an den Hals zu wünschen. Entweder meldet man sich dann zum Militär, oder man wird nebenberuflich gesundheitspolizeilicher Amokist. Beides macht ziemlich einsam; außer von anderen gleichermaßen Eingeschränkten wird man von allen gemieden. Das Leben mit gewaltbereiten Verbotsfetischisten macht einfach keinen Spaß, und triumphale Geschichten darüber, wie man den ganzen Tag lang wieder an nichts gedacht hat als daran, wie man auf sein physisches Überleben und seine Gesundheit achten kann, sind, freundlich formuliert, sterbensöde.

Es sind genau die Gestalten, die Karl Kraus als »traurige Folgen einer unterlassenen Fruchtabtreibung« bezeichnete, die sich am verbissensten an die Wahnvorstellung klammern, ihre bloße Existenz sei allein schon bedeutsam. Das Internet hat ihnen die technische Möglichkeit zur Selbstaufblähung gegeben, von der sie mit erbärmlichem Fleiß Gebrauch machen.

Doch das Predigen von Gesundheitshass auf angeblich Kranke ist weniger erfolgreich, als es dargestellt wird. Wer seinen Kopf apostelfrei hält, entwickelt einen Propagandaabprallmechanismus und tut nicht, was er zu müssen glaubt, sondern was er mag. Als ich, am Abend mit einer Lancero und einem Glas Rouge draußen sitzend, Georges Simenon lese, spricht mich ein zehn- oder elfjähriger Junge an: »Was ist das denn für eine große Zigarette?«, fragt er. »Die stinkt ja gar nicht.« Bevor ich antworten kann, sagt seine Mutter: »Nein, die duftet, das ist eine Havanna!«

Wenig später bleibt eine ältere Dame am Tisch stehen. »Oh, das riecht gut, das riecht man so selten heutzutage«, sagt sie, nimmt mit den unbestochenen Nüstern noch etwas guten Rauch auf und geht dann beschwingt ihrer Wege. So geht es doch auch: sozialer Frieden durch Rauch.

Dass Menschen nicht mehr guten Tabak riechen dürfen, sondern stattdessen die Ausdünstungen aus den nassen Innenslips der Sporthosen ihrer Artgenossen einatmen müssen, ist ein Fortschritt der Menschheit, an dem Anteil zu haben ich nicht beanspruche.

Unter Rettern

Die Welt ist unter die Retter gefallen; alles Gute muss von oben kommen, so will es die mediale Sprachregelung. Der Name des Milliardärs Nicolas Berggruen wird so vollautomatisch mit dem Attribut »Karstadt-Retter« versehen, dass man schon an das Weihnachtslied »Sti-hil-le Nacht« denkt, in dem es heißt: »Christ, der Retter, ist nah«. Beziehungsweise an das nicht ganz so alte Wahlplakat mit der Aufschrift »Unsere letzte Hoffnung: Hitler«.

Die *Hannoversche Allgemeine Zeitung* fügte dem Beruf des »Retters« noch den des »Drogerie-Gurus« hinzu und schrieb: »Rossmann als Retter in der Not – diese Botschaft dürfte Drogerie-Guru Dirk Rossmann angesichts des Dauerwettstreits um die Zukunft der Schlecker-Tochter IhrPlatz gefallen.« Die Gewerkschaften wollen dem aber erst zustimmen, wenn »Schlecker-Tochter«, »Retter« und »Drogerie-Guru« Ausbildungsberufe geworden sind und nach Tarif bezahlt werden.

Die Worte »Rettung« und »Retter« verströmen die Botschaft: Du selbst kannst nichts tun! Warte, bis du gerettet wirst. Harre am Volksempfänger aus und folge den Anweisungen. Du hast keine Rechte, für dich gibt es nur die Gnade der Rettung durch andere, die so gnädig sind, gerade dich zu retten. Würde ist ein Konjunktiv von sein, und die Würde des Menschen ist das Antastbarste von allem.

Und eine deutsche Schokoladenmarke heißt ab sofort: Retter Sport.

Existenzrechte

Deutsche, die bei Trost sind, zweifeln nicht die Existenzrechte anderer Staaten an, sondern das der juristischen Konstruktion, in der sie selbst leben. Die Wiedervereinigung eines zuvor immerhin notdürftig geteilten Deutschlands war ein Akt der Gewalt, der seit seinem Vollzug mehr Gewaltakte hervorgebracht hat, als es UN-Resolutionen gegen andere Staaten gibt. Paragraph eins dieser deutschen Verfassung lautet: Man muss nicht mehr selbst schießen, man kann das mittlerweile und besser andere tun lassen.

Das gilt im Aus- wie im Inland, die Fälle sind aber unterschiedlich gelagert: Ins Ausland verkauft man in erster Linie die Mordinstrumente, muss hin und wieder allerdings auch uniformierte Abgesandte der deutschen Verfassung mitliefern, als Ausbilder für die effiziente Nutzung deutschen Waffenwissens, also zum Aufbau dessen, was man adäquat »marktfähige Demokratie« nennt. Der zuständige Marketingdirektor heißt derzeit de Maizière, nicht Lothar, sondern Thomas. Beide sind zugleich Hälfte wie Mitte ein und desselben Körperteils.

Auch im Inland baut man Schutztruppen auf, sie heißen wahlweise Verfassungsschutz oder NPD, beide sind mörderisch. Wer auf dem Boden der deutschen Verfassung steht, schickt aus Gründen der Friedfertigkeit Waffen und Soldaten in Kriegsgebiete und behauptet, durch die Fusionierung von Verfassungsschutz und NPD die Morde zu verhindern, die man geschehen lässt oder sogar selbst plant, unterstützt und ermöglicht. Wer so vorgeht, der weiß und will, dass ein deutsches Verfassungsgericht Anträge zum Verbot der NPD zurückweisen muss, weil es sich sonst gleich selber mitverbieten müsste.

Gegen den simulierten deutschen Verfassungsantifaschismus schimmerte ein anderer deutsch regierter Schurkenstaat geradezu augsburgerpuppenkistenhaft drollig auf: der Vatikan des Papstes Ratz, in dem ein trügerischer, sinistrer Kammerdiener diebischer ist als jede Elster! Schlimme Sache das, Indiskretion, Intrigantentum und sogar Dokumentenklau, auch eine Goldmünze, ein Scheck und ein Buch sollten entwendet worden sein! Unsere streng unabhängigen Seriösmedien ventilierten diese Kinderbreititeivorwürfe, in denen sich Ratzingers Vatikan als letzte Bastion eines deutschen Biedermeier fingierte. Worte wie Vatikanbank und Mafia kamen dabei ebenso wenig vor wie das gute alte katholische Kinderficken.

Der Vatikan entwickelte sich unter Papst Ratzinger zur propagandistischen VI jener europäischen Zentralmacht, die humanistische Rhetorik und Theorie mit der enthusiastisch ausgelebten Praxis der Niedertracht wesenseigen zu verbinden weiß. Deutsche sind Leute, die völlig selbstverständlich über das Existenzrecht anderer Staaten diskutieren, ohne auf die Idee zu kommen, zum Beweis einer eigenen humanen Existenzfähigkeit erstmal das Duodezfürstentum aus Großdeutschland und Vatikan aufzulösen. Dabei wäre das doch mal was: deutsche Selbstauflösung statt deutscher Endlösung für andere.

Frau Zwiebelbein
Eine Sommerfrische

Sie stand am Gleis, etwa einssiebzig groß auf ihren gut geschmackten schmalen Sandalenhacken, kerzengerade, lässig und weiblich gebaut. Ihren Kopf bedeckte ein großkrempiger, strohgelb leuchtender fröhlicher Sonnenhut, unter dem dichtes schwarzes Haar hervorquoll.

Ihre Augen schützte sie mit einer großen dunklen Brille vor der Sonne. Der großen Hitze wegen war sie mit einem Nichts von vielleicht 70 Gramm Sommer leicht bekleidet, ohne dabei auch nur den Hauch des Eindrucks zu erwecken, ein leichtes Mädchen zu sein. Frauen mit Klasse kriegen diesen Unterschied hin, jedenfalls in der Wahrnehmung der Männer, die genau das an ihnen lieben und in ihnen sehen wollen. Ihre schlanken, muskulösen Beine hatten winzige Grübchen unterm Knie. Das Knie ist das Kinn des Beines, dachte ich, und nicht zu jedem Kinn passt ein Grübchen. Man denke nur an die Herrenkinne, in denen ein 16er-Dübel sitzt, oder an solche, die aussehen, als hätte die Hausfrau mit der Handkante einen Ordnungsschlag im Sofakissen gelandet.

Auf die Grübchen dieser Reisenden traf das allerdings nicht zu. Doch wurde meine Aufmerksamkeit von einer Art Buckel an ihrer rechten Wade gebannt: Die Frau trug dort einen Höcker, eine Art Gewaltüberbein, mit rotem Leinenstoff umwickelt. Ein indianischer Brauch?, fragte ich mich, doch dann sah ich, worum es sich handelte: Die Frau trug Zwiebel. Eine halbe Gemüsezwiebel peckte an ihrem Bein wie eine Muschel an einem Felsen.

Gerade an makellosen Frauen ist ein Makel kein Makel, und also erst recht kein Grund zu mäkeln, schoss es mir durch den Kopf. »Ich bin ein armes Zwiebelchen / nimm mir das nicht übelchen«, hatte Joachim Ringelnatz gedichtet, und wen zwiebelt schon eine halbe Zwiebel an einem ganzen Frauenbein? Wir kamen ins Gespräch. Eine Wespe, sagte sie, habe sie ins Bein gestochen, und in dem Hotel, aus dem sie gerade abreiste, habe man ihr gegen den Schmerz außer einer halben Gemüsezwiebel nichts anbieten können. Es hilft ein bisschen, sagte sie, und fügte etwas peinlich berührt hinzu: Das riecht aber doch.

Ich bestritt das. Nein, man habe wohl an ihr getan, und die Zwiebel röche auch nicht, log ich; die Schönheit ihres Beines trete durch die applizierte, angeflanschte Zwiebel erst umso trefflicher hervor. Was sie denn mit der Wespe angestellt habe, fragte ich sie. Na, erschlagen doch, gab sie zur Antwort. Ich war froh, dass der christliche Tierschutzkitsch, der verlangt, einer Wespe nach dem ersten Stich das zweite Bein hinzuhalten, in ihrem Kopf noch nicht Logis genommen hatte.

Die Wespe, sagte ich beschwichtigend, sei anthropologisch ohnehin dem Bundeswehrsoldaten in Afghanistan vergleichbar: beide seien existentiell gleichermaßen sinnlos wie aggressiv, beide agierten in einem institutionellen, dauerhaften Angriff und seien ohne jedes Bewusstsein für die eigene Herkunft und Handlungsmotivation, und für beide stelle man Bierfallen auf; leider nicht immer mit Erfolg, müsse ich einräumen.

Ah ja ..., sagte die schöne Frau, entzwiebelte ihr Bein und bot es mir dar. »Sei zärtlich zu mir, ich bin Kriegerwitwe«, hörte ich sie noch seufzen, während ich mich und alles um uns vergaß.

Über das Betteln

Betteln ist ein Beruf, aber kein guter. Als ich in jungen Jahren Mexiko besuchte, schärften mir meine Gastgeber ein, bettelnden Kindern auf gar keinen Fall etwas zu geben, egal, wie herzzerreißend das sei, denn sonst würden sie niemals etwas Richtiges lernen.

Erwachsene Bettler haben es naturgemäß schwerer als Kinder. Erwachsenen geht das Süße ab, deshalb müssen sie sich, auch beim Betteln, mehr ins Zeug legen und ihre Angelegenheiten dramatisieren. Das tut ihnen und ihrer Sache nicht gut.

Manche von ihnen versuchen es mit Musik, stellen sich an einen gut besetzten Kaffeehaustisch und brüllen denen, die dort sitzen und sich gerade angeregt unterhalten, die Ohren zu. Besonders unangenehm erinnerlich ist mir noch eine sich Nachtigall von Rammersdorf oder ähnlich nennende Penetranzgestalt ohne jede Intonationsfähigkeit, die Auszüge aus Arien so bestialisch laut ausjallerte, dass nicht nur Trommelfelle, sondern auch Gläser Haarrisse bekamen oder sogar barsten.

Anschließend forderte die unwirsche, divenhafte Person vehement das Honorar für die unerbetene Darbietung ein und wurde, falls die Zahlung ausblieb, böse und vulgär. Es war nicht eben das, was Phraseure heute ein »Erfolgsmodell« nennen.

Wer nicht singen kann, das aber immerhin weiß, setzt auf Betteln mit Zeitungsvorwand und hält Menschen, die gerade beim Essen sind, eine abgegrabbelte, schmuddelige Zeitung unter die Nase. Auch das ist nicht sehr klug; wer isst, hat keine

Hand frei, um zum Portemonnaie zu greifen, möchte beim Essen nicht gestört werden und empfindet Schmutz in der Nähe von Nahrungsmitteln nicht als angenehm.

Die Steigerung des aggressiven Bettelns ist die moralische Erpressung. Wie habe ich mich für die zahl- und schamlosen Bettelkampagnen der *taz* geschämt, wenn das Blatt, dessen Autor ich war, seinen Käufern und Abonnenten, die ja schon gutwillig zahlten, noch tiefer in die Taschen ging! Dieses schlechte Benehmen erinnert an jene peinlichen Bühnenkünstler, die vor halbleerem Haus auftreten und die anwesenden zahlenden Zuschauer dafür bestrafen, dass die andere Hälfte nicht erschienen ist. Das geht gar nicht, das verbietet sich, und was für die *taz* galt, gilt für nichtalternative Zeitungen erst recht: Betteln und Jonglieren verboten.

Ein Fischfreund

Die Hotelbar war gediegen, man saß in englischen Ledersesseln, es gab kubanische Getränke, die beiden Kellnerinnen waren jung und unsicher, aber freundlich. Ich bestellte einen Mojito, er war gut, und ich ließ den Arbeitsabend austrudeln.

Acht Männer, Ende zwanzig bis Mitte vierzig, kamen herein, laut und bollerig, mit viel Hahaha. Alles Schöne an der von Menschen geschaffenen Bar war schlagartig weg; sowas schaffen nur Menschen.

Die Kerle brüllten gleich nach Bier und fanden auch das schon genuin lustig. »Ich bin der Olli aus Düsburch – wie heißt du denn, Schätzken?«, sprach einer der Brocken eine der Kellnerinnen direkt an. Falls die junge Frau einmal zum Humorfreiheitsfeminismus herabsinken sollte, weiß ich immerhin, wie einer der Soetwasverursacher sich nennt und in welcher Stadt er wohnt.

Die Kellnerinnen brachten die Biere und verzogen sich dann. Olli aus Düsburch gingen davon die Wörter nicht aus. »Wenn das mit dem Mädel heute nicht klappt«, sagte er, »kann ich mir ja immer noch 'nen Fisch drüberziehen. So'n Karpfen bringt es richtig.«

Seine Kunstpause füllte sich mit schmaddrigem Ablachen, oder war es Ablaichen? Dann kam Ollis Pointe: »Das einzig Blöde ist, dass man am nächsten Tag sein eigenes Eiweiß fressen muss.« Es gab großes Hallo und Hurra. Der Hauptdaseinszweck sehr vieler Menschen besteht darin, die Idee des Humanismus fragwürdig, lächerlich und falsch aussehen zu lassen. Es soll ihnen aber nicht gelingen.

F-Amt mit menschlicher Stimme

Das Christentum und das Finanzamt haben viel Gemeines miteinander gemein. Wann immer sie einen ansprechen und beanspruchen wollen, ist man schuldig und quasi im Dauerzustand des natural born sinners. Das Christentum hat dem Finanzamt gegenüber nur den einen Vorzug, das man aus ihm austreten kann, was ich sogleich tat, als mir das aus Gründen der Volljährigkeit möglich wurde.

Dem F-Amt entkommt man nicht, das hat man immer am Hacken. Im Dezember brüllt die Klötenklemme der arbeitenden Sorte Mensch immer besonders laut nach anderer Leute Penunze. Im Jahr 2012 war es besonders arg. Obwohl Zahlungswilligkeit mittlerweile mein zweites Ich geworden war, stutzte und zögerte ich, als ich einen Brief des F-Amtes las: Penibel wurde mir vorgerechnet, was ich an Verspätungszulagen, Zinsen und anderen, reiner Willkür entspringenden Zöllen abzudrücken hätte, und bei der Addition hatten sich die F-Amtler dann um nicht ganz unbeträchtliche 1.673,20 Euro zu meinen Ungunsten vertan. Zum Ausgleich schreiben sie aber noch das Wort »Vollstreckungsmaßnahmen« dazu und drohten mir Auf- und Heimsuchung »in der Zeit von 10 bis 15 Uhr« an.

Am Morgen um acht Uhr vierundfünfzig Ortszeit rief ich die mir avisierte Vollstreckungsbeamtin an. Sie meldete sich mit einer Stimme, wie sie sich die von mir verehrten Schauspielerinnen Judi Dench und Marianne Faithfull in Jahrzehnten weder einzeln noch gemeinsam ehrlich erraucht und ertrunken haben. Was für ein sagenhaftes Raspeln! Sofort war mein Zorn verraucht, ich wurde mild wie der Morgentau (oder wie der Morgenthau-Plan?), beschrieb ohne jeden Eifer den Sachverhalt und machte in großer Ruhe geltend, dass ich den zusammenerlogenen Betrag auf gar keinen Fall an das F-Amt überweisen würde, sowieso und überhaupt, aber auch aus Gründen der Würde.

Die Reaktion der Frau war anders als jede, die ich mir vorgestellt hatte. Eine Stimme wie aus einer Tabak-und-Whisky-Fabrik sagte: »Tut mir leid. Dett war bestimmt jeistije Umnachtung. Da muss ick wohl in'n Weihnachtsurlaub jehn.«

Ich war nicht nur mit der Welt versöhnt, sondern für diesen Moment auch mit dem F-Amt, und, mir ganz unvorstellbar, sogar mit der Berliner Mundart. Wahrscheinlich wurde es wirklich Weihnachten und Zeit, die Biege zu machen, bevor ich noch vollends im Sentimental der Christen versank.

Achseln zucken, heiser flüstern
Ein Kriminalroman

Wenn uns mal nichts Gescheites einfallen sollte, schreiben wir eben einen Kriminalroman«, sagte der Kollege, säbelte sich ein ordentliches Stück von seinem gut geklopften Wiener Schnitzel ab, schob zwei Kapern und eine halbe Sardelle obendrauf, steckte sich das Ganze in den Kopf, kaute, schluckte, warf einen Schluck Hefeweizen hinterher und lächelte. »Wenn sogar der Literaturbeurteilungsfunktionär Thomas Steinfeld einen Matjeskrimi zusammennageln kann, dann packen wir das doch an einem Wochenende. Und zwar ohne Brückentag«, lachte er und hustete.

»Pardon«, sagte er etwas bröckelig, nachdem er sich freigeräuspert hatte. »Ich habe ›Brückentag‹ gesagt, das ist mir peinlich. So eine Marketingvokabel darf man nicht in den Mund nehmen. Geschweige denn denken.« Er spülte sich das Wort mit einem weiteren Hieb Bier den Schlund hinab.

»Ach komm«, sagte ich begütigend, »geh nicht so hart mit dir ins Gericht. Brückentage gab es schon immer. ›Die Brückentage am Kwai‹, ›Die Brückentage von Remagen‹, ›Die Brückentage von Arnheim‹, das ist doch alles quasi Weltkulturerbe.« Auch ich machte mich über meine Mahlzeit her, und wir verdrückten das gute Essen in stillem Genuss, wie es sich gehört.

Beim Kaffee kam der Kollege noch einmal auf das Kriminalromanthema zu sprechen. »Die Deutschen lieben Krimis. Sie kaufen das Zeug millionenfach. Sogar Schwedenpsychopathologie oder deutsche Weihnachtstannenödnis. Es ist genauso grässlich wie Grass, jeder weiß das, aber es ist eben ein Geschäft.«

»Bist du ernsthaft klamm?«, fragte ich ihn.

»Nein, so schlimm ist es nicht«, erwiderte er. »Aber es kann doch nicht sein, dass immer nur die Flitzpiepen gewinnen, oder?«

Was sollte ich dazu sagen? Dass die Flitzpiepen immer gewinnen, weil sie die Flitzpiepen sind? Und dass uns das trotzdem nichts ausmacht, weil wir ja wissen, was wir können? Ich ließ es lieber bleiben, trank meinen Kaffee und sagte: »Gut, schreiben wir einen Krimi. Nächstes Wochenende, wenn es dir passt. Ich werde mich vorbereiten.«

Ich zahlte, wir gingen. Zuhause angekommen, riss ich die mir unverlangt zugeschickten und bisher ungelesenen Kriminalromane aus den Regalen und fraß sie in mich hinein. Es war harte Arbeit. Offenbar bestanden Kriminalromane vor allem aus zwei Sätzen. Der erste lautete »Er zuckte die Achseln.« Der zweite war von ähnlichem Kaliber: »Er senkte seine Stimme zu einem heiseren Flüstern.«

Das Telefon klingelte. Ich nahm es in die Hand, trat vor den Spiegel, nahm den Anruf mit einem Druck des rechten Daumens entgegen, versuchte dabei, die Achseln zu zucken und bekam einen gemeinen Krampf in der linken Schulter. Vor Schmerz senkte ich meine Stimme zu einem heiseren Flüstern.

»Bitte verzeihen Sie, aber ich muss meine Stimme zu einem heiseren Flüstern senken«, sagte ich, bekam auf diesen Satz erstaunlicherweise keine Antwort und ließ ein paar Sekunden verstreichen, bevor ich mit weiterem heiserem Flüstern hinzufügte: »Es ist nichts Persönliches. Es ist rein geschäftlich.« Ich schämte mich entsetzlich für diesen Unfug, aber ich musste schließlich einen Kriminalroman schreiben.

Die vertraute Frauenstimme am anderen Ende der Verbindung fragte: »Du klingst ganz komisch; warst du mit irgendwelchen Drogenhändlern unterwegs? Oder hast du einen Kessel zu füllen?«

Die Anspielung auf den Krimicomic (Das Wort Comickrimi sieht mit dem »ck« in der Mitte geschrieben nicht so gut aus) »Asterix und der Kupferkessel« amüsierte mich, ich bekam Appetit auf eine schöne Zwiebelsuppe, doch ich knurrte nur ein heiseres »Nein« in den Hörer und zuckte so lange sinnlos mit den Achseln, bis auch meine rechte Schulter völlig verspannt war. Es tat höllisch weh, ich warf das Telefon an die Wand und setzte mich an die Tastatur. Einen Kriminalroman? Also gut, bitte sehr, in Nullkommanichts!

Allem Anfang, hat ein Großschlawiner des Kultur- und Reichedamenabgreifgewerbes einmal behauptet, wohne ein Zauber inne. Ja ja ja, bla bla bla, Rainer-Maria heißt, wie denn sonst, Rilke, und den Percy Stuart spielte Claus mit »C« Wilcke.

Flüsternd senkte ich meine Achseln zu einem heiseren Zucken. Heiser zuckerte ich meine Achseln, die sich, miteinander flüsternd, senkten. Leise zuckend flehen meine heiseren Achseln, es könnten aber auch meine Lieder sein.

Totort
Die Razzia

Eine Gastgeschichte von Archi W. Bechlenberg

Hoogstede griff zum Telefon und wählte Knüvers Nummer. Es meldete sich Espel. »Knüver ist mit Limbergen, Hilgensand und Bexten bei Otze«, sagte er. Hoogstede legte auf und ließ es bei Otze klingeln.

»Ich möchte Sie alle in zehn Minuten bei mir im Büro sehen«, sagte er.

»Tut mir leid, Chef«, bedauerte Otze, »wir müssen auf Wiepke, Velpke, Müden, Hohne und Wahrenholz-Wendeburg warten, es kann ein paar Minuten länger dauern.«

Hoogstede wurde sauer. »Wo stecken die denn alle? Wieder bei Wolbeck etwa?«

»Ich glaube, bei Pieskow«, antwortete Otze. »Jedenfalls sagte Frau Erkner vorhin so etwas, aber die wusste es auch nicht genau, weil sie mit Brockkötter und Birkenkamp beschäftigt gewesen war.«

»Wer bitte ist Birkenkamp?«, fragte Hoogstede Otze.

»Der neue Fahrer, seitdem Hakeborn auf dem Weg nach Guben ...«

»Ja, stimmt,« fiel es Hoogstede wieder ein.

»Und wie geht es Hakeborn?« Otze zuckte mit den Schultern. »Kobbelin sagt besser, Worbis sagt schlechter. Soll ich mal Nieste...?«

»Nein, lassen Sie nur.« Hoogstede legte auf. Genau in diesem Moment traten Knüver, Wiepke, Limbergen, Müden und Hilgensand ein, gefolgt von Velpke, Hohne und Bexten.

»Wahrenholz-Wendeburg kommt nach«, sagte Wiepke, »er traf auf dem Weg im Flur Staatsanwalt Birkle und ging mit ihm zusammen in Stöckeys Büro.«

»Wenn bloß Ralbitz nicht dort ist«, murmelte Müden, »das kann dann...«

Doch da trat Wahrenholz-Wendeburg ein. »Meine Herren«, sagte Hoogstede mit ernstem Blick in die Runde. »Heute ist es so weit, heute werden wir Bröll, Hohenwart, Morschen und den Brüdern Tabarz das Handwerk legen. Diese feine Gesellschaft...«

»Und was ist mit Bürgel?«, unterbrach Bexten. Hoogstede lächelte gequält.

»Bürgel! Bürgel! Hören Sie mir mit dem auf!« Bexten zuckte zusammen, Knüver, Wiepke, Limbergen, Müden und Hilgensand sowie Velpke, Hohne und Wahrenholz-Wendeburg ebenfalls. »Bürgel hat wochenlang mit Seelow, Lanz, Lesko und Maczków in Hakenborg Calaus und Grubbenvorst beschattet. Und? Entwischt sind sie ihnen, Calaus nach Calais und Grubbenvorst entweder nach Rittmarshausen, Schwepnitz oder Düsseldorf; Malschwitz und Oßling versuchen gerade, das herauszufinden, hängen aber momentan in Aldenhoven fest, irgendwas mit dem Dienstwagen.«

»Ein Opel halt«, warf Wiepke ein.

»Ford«, korrigierte Wahrenholz-Wendeburg, was Hoogstede mit einem grimmigen »oder so« quittierte.

»Also, vergessen wir Bürgel, denn Bröll, Hohenwart, Morschen und die Brüder Tabarz sind endgültig fällig.«

»Sind die denn immer noch in Kirchherten?«, fragte Velpke.

»Rositz hat sie gestern noch dort beobachtet, und Pölzig ebenfalls, nur Nobitz ist sich nicht ganz sicher, aber der hat auch vor drei Jahren in der Affaire Schwarzbach kläglich versagt.«

Hoogstedes Stimme klang triumphierend, aber zugleich auch heiser. Er war müde, das spürte man, sehr müde. Schon oft hatte ihn Dr. Steinbrech gewarnt.

»Sie werden früher als Schümmler und Horrichs unter der Erde liegen, wenn Sie so weiter...« Doch Hoogstede wollte davon nie etwas hören. Und nun war die Stunde des Sieges nahe, die Stunde, für die alle Opfer der letzten Jahre mit einem Schlag entschädigt werden würden.

»Dieses Mal erwischen wir sie alle zusammen, vielleicht sind sogar Brechen, Mückeln, Lohr-Birkenfeld und Körperich vor Ort, wenn wir zuschlagen, denn zumindest die Brüder Tabarz und Lohr-Birkenfeld haben das Ding in Schmitz zusammen gedreht.«

Knüver, Wiepke, Limbergen, Müden, Bexten, Hilgensand, Hohne und Wahrenholz-Wendeburg nickten zustimmend.

»Nicht zu vergessen der nie aufgeklärte Fall von Bad Bertrich«, ergänzte Hoogstede.

»War das nicht der Überfall auf den Kiosk der Schwestern Vittersbourg?«, fragte Hilgensand.

»Richtig«, bestätigte Hoogstede, »die Damen hießen allerdings Schopp, und es war ein Pudelsalon.«

In diesem Moment sprang die Tür von Hoogstedes Büro auf, und Heydenreych stürmte herein.

»Hansen liegt in Alpers Büro ausgestreckt auf der Auslegeware!«, rief er atemlos.

»Tot?«, fragte Hohne.

»Zumindest steif«, antwortete Heydenreych.

»Sie wollen uns jetzt nicht behummsen?«, herrschte Hoogstede ihn an. »Das könnte ich nicht verknusen, Hansen war gestern Morgen noch völlig agil!«

»Das war Winklorn, nicht Han...«, wollte Limbergen korrigieren, aber der eisige Blick Knüvers ließ ihn verstummen. Hoogstede sah auf einmal sehr gealtert aus.

»Ohne Hansen können wir alles abblasen, nur er und Dinkelacker wissen, wie man den Navi...«

Doch da hellte sich seine Miene wieder auf. »Natürlich!«, rief er. »Hutzler! Hutzler weiß auch Bescheid!«

»Der liegt auf der Auslegeware in Patschkes Büro...«, vernahm man Wahrenholz-Wendeburgs leise Stimme.

»Was? Auch tot?«

»Breit. Sehr breit. Ich habe schon mit Frau Nelles und Praktikant Blechschmidt versucht, ihn wieder ...«

Hoogstede beendete mit einer Geste Wahrenholz-Wendeburgs Worte, ergriff einen Sessel und sah erschöpft in die Runde.

»Soll so die seit Monaten vorbereitete Aktion scheitern?«, fragte er mit zitternder Stimme in die Runde. Alle blickten betroffen. Seit dem Unfall von Haselünne, bei dem Hoogstede acht Kollegen verloren hatte – die Namen stehen auf dem Gedenkstein an der Kreuzung Heidelohweg/Lampenallee – hatte ihn niemand mehr so verzweifelt gesehen (außer Hille, einmal).

»Chef! Chef!« Heydenreychs fränkisches Idiom gellte durch die Stille. »Ich hab's!« Vor Aufregung war er rot angelaufen.

»Sie kennen doch Pemfling, Rötz, Lindberg-Sallitz und Nyrsko? Die haben Zeit, weil Lohberg...«

Hoogstedes Miene klarte auf. Genau, das war die Rettung.

Lüttich, 13. Dezember 2011

Am 6. November 2011 packten meine belgischen Gastgeber Angelika und Archi Bechlenberg mich in ihr Auto, Ziel unserer Ausfahrt war Lüttich. Im Wagen hörten wir ZAZ, »Éblouie Par La Nuit«, ein Lied, das einem die Seele auf links dreht und das zu Tränen rührt, ohne dass man genau sagen könnte oder wüsste, warum. Verlorenheit spricht aus den Worten und der Stimme der französischen Sängerin, Sehnsucht, Verzweiflung bis zur Selbstverletzung und auch Überlebensstärke, Liebe und Kraft:

»Éblouie par la nuit à coups de lumières mortelles / À frôler les bagnoles, les yeux comme des têtes d'épingles / J't'ai attendu cent ans dans les rues en noir et blanc ... / Tu es venu en sifflant.

Éblouie par la nuit à coups de lumières mortelles / À shooter les canettes, aussi paumée qu'un navire / Si j'en ai perdu la tête, j't'ai aimé et même pire / Tu es venu en sifflant.

Éblouie par la nuit à coups de lumières mortelles / Vas-tu l'aimer la vie ou la regarder juste passer? / De nos nuits de fumettes, il ne reste presque rien / Que tes cendres au matin / (...) J't'ai attendu cent ans dans les rues en noir et blanc / Tu es venu en sifflant«.

Ins Deutsche kann man das so übersetzen:

»Geblendet von der Nacht und ihrem tödlichen Licht / Den Autos ausweichend, die Augen wie Stecknadelköpfe / Ich habe hundert Jahre gewartet auf dich in den schwarzweißen Straßen / Pfeifend bist Du gekommen.

Geblendet von der Nacht und ihrem tödlichen Licht / Dosen kickend und so verlassen wie ein Schiff / Wenn ich dabei den Verstand verlor, habe ich dich geliebt, und schlimmer noch / Pfeifend bist Du gekommen.

Geblendet von der Nacht und ihrem tödlichen Licht / Wirst Du das Leben lieben oder nur zusehen, wie es vergeht? / Von unsr'en durchgekifften Nächten bleibt fast nichts / Außer deiner Asche am Morgen / (...) Ich habe hundert Jahre gewartet auf dich in den schwarzweißen Straßen / Pfeifend bist Du gekommen«.

Auf dem Markt in Lüttich sahen wir ein Plakat, das ein Konzert von ZAZ ankündigte: Am 12. Dezember 2011 trat sie im Théatre Le Forum in Lüttich auf; wir waren vorfreudig beglückt, wollten das Konzert zusammen besuchen und uns noch einen schönen nächsten Tag in Lüttich machen; der Lütticher Weihnachtsmarkt ist berühmt für seine Spezialitäten aus aller Welt. Aus privaten Gründen kam es dann aber nicht dazu.

Am 13. Dezember 2011 ermordete ein 33jähriger Mann auf der Place Saint Lambert in Lüttich vier Menschen, verletzte mehr als 120 Menschen und tötete dann sich selbst. Direkt zuvor hatte er in seinem Haus eine Frau ermordet. Der Mann war Waffensammler; seine Opfer kannte er nicht, er tötete wahllos. Die Menschen, die er umbrachte, ein 17 Monate altes Kleinkind, ein 15jähriger und ein 17jähriger Schüler, eine 75jährige Rentnerin und eine 45jährige Haushälterin, könnten, wenn das Wort Unschuld etwas bedeutet, unschuldiger nicht sein.

Ich weiß nicht, wie viel kranker Hass und Besessenheit in Menschen walten können, die glauben, sie wären der liebe Gott und hätten über Leben und Tod zu entscheiden. Belgiens Medien hofierten schon am selben Tag Vox populi: »Marokkaner, Hanfzüchter«, »sales maroufff«, »c'est encore et toujours un étranger pour faire ça« etcetera; es ist anders abstoßend als die Tat; anders, aber kaum minder.

Während in Lüttich Entsetzliches geschah, tranken Menschen ihren Kaffee, rauchten, arbeiteten, schliefen, liebten sich, spazierten herum, Menschen, von denen sogar einige Entschiedenes getan hätten, um diese Tat zu verhindern. Sie hatten, wie die Opfer, nicht die geringste Chance.

Ein Schweinehund hat seine private Hölle Menschen beschert, die nichts dafür konnten. Man kann nur noch um sie trauern. Und ZAZ hören: »Vas-tu l'aimer la vie ou la regarder juste passer?« – »Wirst Du das Leben lieben oder nur zusehen, wie es vergeht?«

Demokratie, exakt definiert

Die äußere Form der Dinge changiert, aber ihr Wesen ändert sich nicht. In seinem 1966 geschriebenen Roman »The Cold War Swap« (deutsch: »Kälter als der kalte Krieg«) lässt der amerikanische Schriftsteller Ross Thomas seinen Ich-Erzähler sagen: »Ich kaufte mir den *Spiegel*, um mich über die jüngsten deutschen Vorurteile zu informieren.« Das ist auf den Punkt formuliert, lakonisch, distanziert und gültig.

Ross Thomas ist der Mann für die unaufgeregt präsentierte Analyse jener Verbrecherpools, die man Politik, Wirtschaft, Militär und Medien nennt. Dass der 1995 gestorbene Skeptiker dabei auch noch brillant schrieb und ohne das käsige Moralisieren auskam, das so viele Deutsche mit politischem Bewusstsein verwechseln, macht ihn zu einem Mitglied jenes Olymps, in dem Samuel Dashiell Hammett, Raymond Chandler, Patricia Highsmith, Margaret Millar und Ross Macdonald ihm einen Ehrenplatz reserviert hatten.

In seinem Roman »Voodoo, Ltd.« aus dem Jahr 1992, der zur Zeit des ersten Irak-Kriegs 1991 spielt, spendiert Ross Thomas seinen Lesern ganz nebenbei eine makellose Definition von Demokratie. In einem kurzen Dialog zwischen der ehemaligen Secret-Service-Agentin Georgia Blue und dem Terrorismusexperten Booth Stallings, der gerade den Leitartikel in der *Los Angeles Times* liest, heißt es:

Blue: »Was macht der Krieg?«

Stallings: »Wir sind tapfer, und die anderen sind Feiglinge.«

Blue: »Das ist gut. Worum geht's dabei?«

Stallings schaute sie erstaunt an, aber sie schien die Frage ernst gemeint zu haben. »Manche sagen ums Öl«, antwortete er. »Andere behaupten, es ginge darum, eine brutale Aggression zu stoppen und in Kuwait die Demokratie wieder einzusetzen.«

Blue: »Seit wann war Kuwait eine Demokratie?«

Stallings: »Seitdem der Krieg angefangen hat.«

Klarer und treffender kann man es nicht sagen. Beinahe wünscht man sich den Oldschool-Imperialismus zurück, der seine Kriegsziele relativ offen darlegte und sich nicht hinter vagen »Menschenrechten« versteckte, dieser Falle für Friedensbewegte. Deren Parole »Kein Blut für Öl!« war ein Bumerang, implizierte sie doch, dass Blut für etwas anderes als für Öl eben schon vergossen werden dürfe.

Also gut, dann geben wir ihnen eben etwas anderes, sagten sich die PR-Leute von Politik und Militär, wie wäre es mit dem M-Wort, also Menschenrecht? Das ist immer eine feine Sache, die auch gar nichts kostet. Und damit auch alle mitmachen, splitten wir die Menschenrechte ein bisschen auf: Frauenrechte, Schwulenrechte, Fernsehrechte, das sind doch Eins-A-Empathieköder. Hinter dem vorgeschobenen Killefitt machen wir, was wir immer gemacht haben: Krieg und Profit. Und genauso flutscht das ja auch.

Drei Doofe Regieren
Warum man weiter DDR sagen dürfen muss

Lieber Nudeln von Birkel als Hammer und Zirkel, summselte man in der Bundesrepublik Deutschland, als es diese, wie auch die zu ihr in Konkurrenz stehende Unternehmung namens Deutsche Demokratische Republik, noch gab. Es waren gute Zeiten; nie ist es der Welt besser gegangen als in den wenigen Jahrzehnten, in denen Deutschland geteilt war.

Die Deutschen sahen das aber nicht ein (und tun es, immer an sich selbst blöder werdend, bis heute nicht), und strebten, jedenfalls die Verstandesfernen unter ihnen, einander wieder zu. Zu diesem Vorgang gehört es, wie man es von Eheleuten kennt, die besser für alle Zeiten die Finger voneinander ließen, dass man tagaus, tagein aufeinander herumhackt. Und so hatte die Bundesrepublik einen Dämon auf Billigbasis: die DDR, ein Land, mit dem ich so wenig zu tun hatte wie mit beispielsweise Venezuela, wobei sich Venezuela allerdings wesentlich besser anhört als DDR. Aber das ist vielleicht nur Akustik.

DDR? Was sollte man damit anfangen, oder was sollte man andererseits dagegen haben? Niemals rückte mir jemand, den man damals herablassend »DDR-Bürger« nannte, persönlich auf die Pelle. Wenn man aber im Alter von elf oder zwölf Jahren im Erdkundeunterricht erst die Magdeburger Börde und dann einen Todesstreifen aus einem Buch abzeichnen muss, kann einem ein Land schon ziemlich auf den Sack gehen. In dem Fall gingen mir sogar zwei deutsche Länder gleichzeitig auf die Nüsse; das war lästig, aber verglichen mit den Ereignissen nach der

Wiedervereinigung der Deutschen unfassbar harmlos. Seit 1990 regiert in Deutschland wieder politische Pornographie. Was der teilhabende Betriebs- und Betreibungsjournalismus selbstredend liebt, feiert und forciert.

Die DDR ist perdu und kommt nie wieder, hin ist hin, weg ist weg. Das wäre nicht weiter schlimm, wenn dieser dem Kapitismus weggenommene Teil der Welt nicht wieder etwas geworden wäre, das ich ohne Anführungszeichen nicht auszusprechen vermag: »Deutschland«.

Wie schade. Die DDR war einmal, und sie war, wie im Märchen, ein wunderbar sinnloses Land. Bei meinen Mitschülern und mir hieß DDR nichts anderes als »Drei Doofe Regieren«, und das ist ganz wahr, auch wenn es womöglich nicht nur drei Doofe waren, sondern dreizehn oder dreiundzwanzig oder dreiundachtzig? Wer weiß das schon noch, und wer will es wissen?

Drei Doofe Regieren: das ist besser als alles, was ich seit dem Ende der deutschen Teilung erlebt habe. Wer die DDR nachträglich zu verbieten verlangt, macht sich nicht nur lächerlich, sondern will auch eine Form der Poesie untersagen, die zu dichten lohnt.

Das Leben rächt sich zuverlässig
Zum 65. Geburtstag von Joseph Fischer

65 Jahre alt, und keiner stellt Champagner kalt? Am 12. April 2013 trat Joseph Fischer in jenes 66. Lebensjahr ein, in dem laut Udo Jürgens »das Leben« ja erst »anfängt«. Mit Udo Jürgens, der seine Freundinnen bevorzugt aus dem Konfirmationsunterricht abholte, verbindet Joseph Fischer mehr, als beiden lieb sein kann.

Joseph Fischer, von vielen »Joschka« und von *Titanic* rätselhafterweise chronisch »Jockel« genannt, hört auch noch auf den Spitz- und Kosenamen »Josi«. Womit man bei einem weiteren Seelenverwandten Fischers wäre, bei Peter Maffay: »Josie, Josie, es ist so weit, vergiss die Mädchenträume und halte dich bereit ...« Genau das tat Joseph Fischer: Er hielt sich bereit, um irgendwann der Öffentlichkeit die drei für ihn schönsten Wörter der Welt mitteilen zu können: Ich, Joseph Fischer.

Das klingt nicht anders als »Ich, Dieter Bohlen« oder »Ich, Hartmut Engler«, und es ist auch nicht mehr dahinter. Einer, der sich zu kurz gekommen fühlt, einer aus der Provinz, ohne Abitur, ein Lehrstellenabbrecher, boxt sich in der zumindest für ihn großen FrankfurtamMain-Welt durch. Die Unwillig- und Unfähigkeit zur konventionellen bürgerlichen Karriere ist als solche keinesfalls unsympathisch, und die Mitglieder jener Dünkelkreise, die genau darüber die Nase rümpften, als Fischer zu Bundesamt und Würden kam, können ihm, was Energie, Intelligenz und Witz angeht, das Wasser nicht bis zum Knie reichen. Auf solche Einwände gegen Fischer ist gepfiffen; dabei handelt es sich um den Angstschweißausfluss einer Klasse, die lieber mit jedem Krösusverbrecher gemeine Sache macht als einen aus der Unterschicht auch nur mit der Pupe anzukucken.

Und doch ist Fischers berühmt gewordener Satz »Mit Verlaub, Herr Präsident, Sie sind ein Arschloch« nicht vor allem Ausdruck einer antiautoritären Haltung, sondern vielmehr projektierte Selbstbezichtigung. Fischer wollte genau dahin, wo die von ihm als solche identifizierten »Arschlöcher« saßen, er wusste, dass man, um dieses Ziel zu erreichen, seinen Feinden ähnlich werden muss, und er war entschlossen, dort anzukommen, um buchstäblich jeden Preis.

Alleine konnte er das nicht schaffen, und so griff er sich die Grünen, eine Truppe aus gescheiterten Sektenfritzen und gutgläubigen Strickliesen allerlei Geschlechts, die ihre Eigenbematschtheit als ein Indiz dafür nahmen, die besseren Menschen zu sein; daran halten die Grünen bis zum von ihnen erträumten Endsieg des GutundBlöden fest. Fischer, der größte Egozentriker des Bioladens, unterwarf sich den schwammigen Haufen relativ zügig, und dass es ihm – wie seinem Konkurrenten und Wesenszwilling Gerhard Schröder mit der SPD – gelang, spricht weniger gegen Fischer oder Schröder als gegen eine sogenannte Basis, die mit dem Wort »Gratisstimmvieh« zu freundlich bedient wäre.

Verächtlicher als Joseph Fischer sind alle Noch-Grünen, die ihm dienstbar waren und sich hinterher aber über ihn beschwerten. Wenn man aus Gründen etwas gegen verlogene Linksparteipolitiker hätte, liefe man damit doch nicht nach rechts. Und wenn ausgerechnet der *stern* sich mit der kriminellen Vergangenheit des gewesenen Straßenschlägers Joseph Fischer beschäftigt, sollte das Blatt besser die »Hitler-Tagebücher« nachdrucken, mit denen es sich für alle Zeiten als Geschichtsfachzeitschrift unersetzlich gemacht hat. Fischers Ex-Konkurrentin Jutta Ditfurth zog es vor, im Toilettenpapiermagazin *Neue Revue* mit Fischer und den ihm willfährigen Grünen abzurechnen.

Dass Fischer ausschließlich zugunsten seiner Karriere »Nie wieder Auschwitz!« brüllte, um die deutsche Beteiligung an einem Angriffskrieg zu erzwingen, war und bleibt ekelhaft. Dass er im Auswärtigen Amt die Offenlegung der Laufbahnen alter Nationalsozialisten in der Bundesrepublik durchsetzte, war ein Schritt, den keiner seiner Vorgänger wagte oder gewagt hätte. Den Hass auf Nazis kaufe ich ihm, obwohl er ein peinlicher Lobbyist des Kapitals geworden ist, zehnmal mehr ab als fünftausend Heiopeis, die turnusmäßig und rituell am 1. Mai in Berlin »Revolution« spielen.

Was wollte Joseph Fischer? Den dicken Max machen, eine Frau nach der anderen heiraten und sich das leisten können. Das hat er dann ja auch hingekriegt. Mit Ehefrau Nummer fünf aber hat er sich verkauft: Minutti Barati ist 28 Jahre jünger als Fischer, zieht ihm das Portemonnaie aus, und da ist man dann wieder bei Udo Jürgens. Das Leben kann erstaunlich gerecht sein zu Leuten, die andere, um Karriere zu machen, »mit Verlaub, Arschloch!« nennen.

Deber Scheibein trübügt

Sprache ist ein Instrument der Verständigung, der Kommunikation, des Zusammenfindens oder des Auseinandersetzens; sie kann aber auch ein bewusst exklusives Mittel sein, eines, das andere gezielt ausschließt. Es gibt Situationen, in denen es ratsam ist, als ein anderer zu erscheinen, als ein Fremder, mit dem ein Gespräch unmöglich ist. Wenn eine lauthalse Viererbande das zuvor noch so angenehm stille Lokal entert, sich, obwohl auch andere Tische vakant sind, gleich in der direkten Nachbarschaft breitmacht, sich durch die gebrüllte Bestellung »Jejrillte Jambas! Und Vino! Aba hallo!« als so richtig puppenlustige Truppe ausweist und forsch Blickkontakt aufzunehmen beginnt, empfiehlt es sich, beispielsweise Finnisch zu sprechen, Suaheli, Russisch, Ungarisch oder Altgriechisch.

Prima Tipp, vielen Dank auch, denkt man sich; das kann ich alles nicht sprechen, auch nicht Chinesisch oder Wasweißisch, und Französisch oder Englisch nützen nichts, das können die Störenfriede wahrscheinlich ja auch, zumindest einer von ihnen, Rudi Mentär. Kein Grund zur Verzweiflung; wer Fremdsprachenkenntnis nicht vorausschauend umsichtig in ausreichendem Maße erwarb, kann möglicherweise immerhin auf eine einfache Geheimsprache zurückgreifen, die schon zu Kindertagen nützlich war, als man mit seinem besten Freund Geheimnisse austauschen wollte, die neugierige Ohren nichts angingen. Und so spricht man lächelnd, sehr flüssig und in auch für die Nebentischradaulinge vernehmlichem Ton zu seiner Begleitung: »Möböchtebest dubu flübüchteben obodeber stabandhabalteben? Diebie Heberreben nebebebenaban köbönnteben ebetwabas läbästibig weberdeben.« Diebiesebes Ibidibiobom ibist vöböllibig proboblebemlobos heberzubustebelleben: Maban veberdoboppebelt jebeden Vobokabal, Umbumlaubaut ubund Dibiphthobong, vobor deben maban jebeweibeils eibein bebe stebellt.

Webenn diebie Abantwobort dabann laubautebet, »Labass ubuns bleibeibeben, wibir weberdeben diebie schobon kobompebetebent ebentmubutibigeben«, veberbribingt maban eibeineben ubungebestöbörteben Ababebend zubu zweibeit. Ubund spribicht übübeber aballebes, nabach eibenebem deber Sibinn stebeht: dabas ebelebegabantebe neubeuebe Habalstubuch, diebie vorborzübüglibichebe Quabalibitäbät deber Gebeträbänkebe, diebie schöböneben habalteberloboseben Strübümpfebe, diebie Rebevobolubutibiobon, dabas Thebeabateber, übübeber Abadobolf Hibitleber ubund Guibuidobo Knobopp, dibie Säubäuleben debes deubeutscheben Febernsebebehebens ubund wabas aubauch ibimmeber.

Dabas ibist lubustibig, häbält deben Geibeist wabach ubund fribisch ubund jebedebe ubuneberwübünschtebe Gebesebellschabaft febern. Webenn mabann diebie Dabamebe seibeinebes Heberzebens aubauf eibein Zibigabarebettcheben nabach draubaußeben bebegleibeitebet, wibird maban nibicht mebehr bebebehebellibigt, weibeil maban vobon deber Sprabachebe heber jaba sobo sebeltsabam aubausläbändibisch eberscheibeint. Doboch deber Scheibein trübügt.

Inhalt

Auf der To-do-Liste: To go or No go? 7
Dialogannahme im Service-Kernprozess 9
Teamplayer im Goods Flow Lagerbereich 12
»Mit Werten Bewusstsein gestalten« 14
Wer Apps appt, muss auch kuratieren 16
Cremiger Tanzwein 19
Transparenz 21
Eltall, werde Mensch! 23
Schwul mit sechs Jahren 26
Rot lackiert 28
Ein Freizeichenton von Vodafone 31
Die Weisheit der Post 33
»Fit für den Winter«? 35
Winterzeit, Sommerzeit, zu viel Zeit 37
Der Teufel steckt im Paket 40
Super sagen 42
Entspannte Kommunikation 44
Männer, die »... und meine Wenigkeit« sagen 46
Blasenexperten 48
Rahmen skizzieren 51
Zonenwelten 53
Im »freilich«-Museum 55
Gefühlte Zeiten 56
Länge und Gewicht 58
Präterium I & II 60

»Ich möchte darüber reden.« – »Ich nicht.« 61
À la Putain! 69
Wahl der Waffen 71
Vive la Trance! 72
Verleser 74
Erdbeererregung im Christstollen 75
Fanfollowers in Leipzig 77
Dicker Brocken Welt am Draht 79
Spinnen im Netz 81
Fressenkladde 82
Draußen nur Kännchen 83
Am Automaten 85
Rauchen für den Frieden (1) 86
Herr Schnupfen hat Grippe 88
Lesezeichen Pixi 91
Matchbox-Autos und Brillantringe 93
Jazz & Lyrik schützt, Jazz & Lyrik nützt! 95
Eselsohren 97
Der kann noch ganz anders 99
Würde, ganz einfach 105
Erstschlag gegen Leser 108
Testosteronthrombose 110
Idylle und Mobilität 113
Bohrer an der Wand 115
Diverses Nageln 119
Blasphemie? 121
Simsalafismus 125
Betropetzt wie Jogi Gauck 127
Maggi fix und Kruzifix 129
Präsidialnekrophilie 131
Kukenil oder Enilkuk? 133

Handelt es sich um ein Fahrrad? 135
Rad & Rhetorik 137
Porträt des Fahrradfahrers als Bessermensch 138
Lob des Winters 140
Russe oder Plastikpulle? 142
Oberst Kleinohrhase 144
Medienpflicht zum Mordsgesicht 146
Badelatschen, Fragensschlappen 148
Jewel Case 149
Von der Flying Pizza zum Mut-Institut 151
Schippen, shoppen, floppen 153
Marriott 155
Slow 157
Trierer Röcke 158
O Grusel der Seligkeit 159
Faschismus oder Lärm? 165
Meister im Mai, Maifeierei 167
Interpretieren und lesen 169
Ist Gier geil? 170
Männerflenner 173
Vorbereitungen treffen 175
KKK 176
Keine Lust auf breite Brust 177
Deutscher Sommer 178
Dieser Tage 179
Kreuzberger Liebe 180
Gutes Wetter 182
Berliner Hündchen 183
Windelwechseljahre 185
Wohlfühlmomente vom Feinsten 187
Religiöse Rückentätowierungen bei Frauen 189

In der Einheitsvollzugsanstalt 191
Aus der Forschung 193
Fiskalpakt 194
Die Ruhe auf dem Land 196
Abendland und Mutterschaft 198
Pasewalk on the wild side 199
Rand voll 200
Steifer Max 201
SM-Reisen 203
Restramschrampe 205
Ein Fahrplanmedium 207
Eltern, Kinder, Köter 209
Im Nasensarg 211
Flaschenpfand auf Tölen! 213
Top-Schnäppchen 216
Rauchen für den Frieden (2) 218
Unter Rettern 220
Existenzrechte 221
Frau Zwiebelbein 223
Über das Betteln 225
Ein Fischfreund 227
F-Amt mit menschlicher Stimme 228
Achseln zucken, heiser flüstern 230
Totort
Eine Gastgeschichte von *Archi W. Bechlenberg* 233
Lüttich, 13. Dezember 2011 237
Demokratie, exakt definiert 240
Drei Doofe Regieren 242
Das Leben rächt sich zuverlässig 244
Deber Scheibein trübügt 247

DER WIGLAF DROSTE

OHRFEIGE NACH

»Droste beobachtet, denkt und schreibt mit einer Schärfe und Treffsicherheit wie kaum einer sonst.«
        Rudolf Görtler, *Fränkischer Tag*

www.edition-tiamat.de

Um die ganze Welt des
GOLDMANN-*Sachbuch*-Programms
kennenzulernen, besuchen Sie uns doch
im Internet unter:

www.goldmann-verlag.de

Dort können Sie
nach weiteren interessanten Büchern **stöbern**,
Näheres über unsere **Autoren** erfahren,
in **Leseproben** blättern, alle **Termine** zu Lesungen und
Events finden und den **Newsletter** mit interessanten
Neuigkeiten, Gewinnspielen etc. abonnieren.

Ein *Gesamtverzeichnis* aller Goldmann Bücher finden
Sie dort ebenfalls.

Sehen Sie sich auch unsere *Videos* auf YouTube an und
werden Sie ein *Facebook*-Fan des Goldmann Verlags!

www.goldmann-verlag.de
www.facebook.com/goldmannverlag